서울역사구술자료집 ⑲

새벽종이 울렸네 새아침이 밝았네

일러두기

1 이 책은 2023년 "서울시민과 도시새마을운동"과 2019년 "서울 시정과 공무원들(새마을운동·서울대공원)"이라는 주제로 채록된 11건의 구술녹취문 중 핵심 내용을 발췌하여 편집하였다.
2 이 책은 각 구술자들로부터 자료이용 및 도서발간에 대한 동의를 받은 후에 발간하였다.
3 이 책은 독자들이 쉽게 읽고 이해할 수 있도록 구술 내용을 크게 훼손하지 않는 범위 내에서 편집자가 편집·정리하였다. 면담자의 질문은 본문 중 글씨체를 달리하여 표시하였다.
4 구술 내용 중 구술자의 본능적인 놀람이나 느낌, 부름, 응답 따위를 나타내는 감탄사와 반복되는 단어들은 생략하였다.
5 구술 내용 중 사실을 재확인하거나 독자의 이해를 돕기 위해 설명이 필요한 부분은 각주를 달아 표시하였다.
6 본문 중 구술적 성격을 표시하기 위한 편집기호들은 다음과 같다.
" " 구술 내 인용문
( ) 사투리나 잘못된 외래어 등을 표준어로 고친 것, 문맥상 지시어나 설명
…… 구술이 중단되거나 구술자가 틈을 두고 이야기할 때
! 구술자가 감탄할 때
(중략) 구술이 이어지지 않고 앞뒤에서 생략되었을 때
7 숫자는 천 단위로 쉼표를 넣었다.
예) 100만 5,678명, 3,500명 등

서울역사구술자료집 ⑲

새벽종이 울렸네 새아침이 밝았네

서울역사편찬원

발간사

서울역사편찬원에서는 2009년부터 구술채록사업을 실시하고 있습니다. 구술채록의 목적은 서울시민과 공무원들의 다양한 체험과 기억을 채록·정리하여 문헌사료의 제약과 공백을 보완하는 한편, 훗날 서울역사연구를 위한 자료를 다양하고 풍부하게 생산하는 데에 있습니다. 그리고 그중 흥미롭고 유익한 자료를 《서울역사구술자료집》이라는 책자로 시민 여러분께 돌려드리고 있습니다.

구술자료집은 시민들이 쉽고 친근하게 접할 수 있는 책입니다. 다소 딱딱하거나 지루한 주제라도 현장에서 직접 활동했던 사람들의 목소리로 들을 때는 좀 더 생생한 역사의 숨결을 느낄 수 있습니다. 그렇지만 개인의 삶은 주관성을 띠게 마련이며, 그것을 재현해 낼 때 일부 왜곡을 피할 수 없습니다. 문헌자료도 마찬가지입니다. 그렇기에 역사가들은 엄격한 사료 비판을 거칩니다. 구술도 역사 자료로 활용할 때에는 더 엄격하게 검증과 사료 비판을 거쳐야 할 것입니다.

독자는 구술자가 특정 사안을 어떠한 방식으로 기억하고 이야기하는가에 주목하시면 좋을 듯합니다. 구술자가 어떤 부분을 의도적으로 강조하는지 혹은 은폐하는지, 그 행간에 가려진 목소리를 들으신다면 구술자와의 쌍방향 소통을 체험하실 것입니다. 또한 공식화된 기억 너

며, 구술자 고유의 체험과 목소리를 들으실 수 있으실 겁니다.

이번에 출간하는 《서울역사구술자료집》은 1970~1980년대 서울의 도시새마을운동에 몸담았던 시민들과 공무원들의 이야기입니다. 1970년대부터 정부 주도의 농촌새마을운동이 활발하게 추진되었고, 그것은 도시로 확산되었습니다. 서울에서도 여러 새마을지도자들이 활약하였고, 시청과 구청에도 새마을운동을 담당하는 부서들이 만들어졌습니다. 그리고 이러한 서울에서의 도시새마을운동은 환경 개선, 주민 참여 증진, 공동체 의식 함양 등을 이끌었습니다. 서울의 새마을지도자들과 해당 부처 공무원들도 헌신과 열정으로 서울을 변화시키기 위해 노력하였고, 그들의 노력은 오늘날에도 여전히 유효한 가치로 남아 있습니다.

본 구술자료집은 새마을운동에 참여했던 시민과 공무원 11명의 구술을 담았습니다. 그들의 경험과 이야기는 우리 사회의 발전에 기여한 귀중한 자산이며, 서울의 도시새마을운동이 어떻게 형성되고 성장했는지를 이해하는 데 중요한 역할을 할 것입니다. 마지막으로 구술에 참여해주신 여러분과 구술채록사업을 진행해주신 면담책임자, 그리고 구술채록 과정에서 많은 도움을 주신 관계자 여러분, 자료집의 편집과 발간을 진행한 서울역사편찬원 연구원들의 노고에 깊이 감사드립니다.

2024년 11월

서울역사편찬원장 이 상 배

차 례

이야기를 시작하며

1970년대 정부 주도의 새마을운동이 본격화되면서 전국적으로 각종 새마을운동이 펼쳐졌다. 농촌 곳곳에는 새마을 깃발이 펄럭였다. 아침이 되면 마을 확성기에서는 "새벽종이 울렸네, 새 아침이 밝았네"로 시작하는 〈새마을노래〉가 흘러나왔다. "우리도 한번 잘살아보세"라는 구호는 이 시기 전국을 뒤덮었다. 물론 이러한 새마을운동이 대통령이나 정부 관료의 독창적인 생각은 아니었다. 이미 1950년대부터 일부 농촌에서는 '마을청년'들에 의한 자발적인 '새마을운동'이 진행되고 있었다. 그것이 정부에 의해 포착되었고, 이후 1970년대 관 주도의 새마을운동으로 확대된 것이었다.

오늘날 이러한 새마을운동에 대해서는 학술적으로도 많은 연구가 이뤄지고 있다. 관련된 1차 문헌들은 물론, 정부 관료 및 새마을지도자 등 여러 인사들의 회고나 구술 등 방대한 자료들이 수집·활용되고 있다. 아울러 당시의 그러한 정부 주도의 운동 중 일부는 일제강점기를 비롯한 전체주의 및 사회주의 국가의 동원체제와 일정부분 유사하다는 것 역시 밝혀지고 있다.

그런데 오늘날 이러한 연구 및 일반인들의 관심은 주로 농촌에서 진행되었던 새마을운동에 초점이 맞춰져 있다. 새마을운동이라고 하면 많은 이들이 농촌새마을운동을 떠올린다. 농촌에서 펼쳐졌던 각종 소득사업, 도로포장, 주택개조 등 다양한 활동이 그것이다. 때문에 도시에서의 새마을운동, 특히 산업화의 중심지이자 농촌 사람들의 상경지였던 서울은 새마을운동과 연관성이 크지 않다고 생각하는 것이 일반적이다.

그러나 당시 서울에서도 다양한 새마을운동이 벌어졌다. 물론 도시라는 특성상 농촌과는 다른 방식이었다. 도시 내의 환경 정비나 정신교육 같은 분야가 강조되었다. 그리고 이러한 도시새마을운동은 농촌새마을운동과 더불어 전국적인 새마을운동의 또 다른 한 축을 담당하였다. 따라서 이 시기 진행되었던 새마을운동을 제대로 이해하기 위해서는 농촌새마을운동만이 아닌 도시새마을운동, 특히 대한민국의 중심지였던 서울에서의 새마을운동 역시 세밀하게 파악할 필요가 있다고 하겠다. 이 책에서는 그러한 서울에서의 도시새마을운동에 몸담았던 시민과 공무원 11명의 구술을 담았다.

제1장은 전성장 전 서대문구의회 의원의 이야기이다. 그는 1933년생으로 서대문구 북아현동 새마을지도자로 일했으며 제1·2·3대 서대문구의회 의원을 지냈다. 그가 새마을운동과 인연을 맺은 것은 1975년이었다. 당시 구술자가 새마을지도자가 되면서 맡은 일은 폐품수집을 통한 마을금고 육성이었다. 그러면서 그는 식모로 일하는 이들을 설득해 마을금고의 통장을 만들게 하였고, 동장과 지역 유지의 도움으로 예금액을 늘릴 수 있었다. 이를 통해 구술자는 마을금고의 규모를 늘릴 수 있었고, 나중에는 마을금고가 건물까지 구입할 수 있게 되었다.

구술자는 방역 활동에도 적극적이었다. 산기슭이었던 이 지역은 여름철이면 벌레가 많았다. 또한 이 시기 서울은 아직도 재래식 화장실이 많았다. 골목마다 방역과 소독 작업이 중요했다. 소독약은 보건소에서 받았지만 연막소독기는 새마을지도자였던 구술자가 직접 구입했다. 계단이 많은 동네였기 때문에 여름철에 연막소독을 마치고 나면 신발에 땀이 반쯤 고일 정도로 힘든 일이었다고 한다. 하지만 동네 주민들의 반가운 인사와 수고했다는 격려가 그러한 고됨을 상쇄하고도 남았다고 구술자는 회상하고 있다.

제2장은 구흥서 무궁화새마을회 회장의 이야기이다. 그는 1938년생으로 서대문구 북아현동과 충정로 새마을지도자로 일했다. 그가 새마을지도자가 된 것은 1979년이었다. 새마을지도자가 되기 전까지 구술자는 새마을운동에 대해 큰 관심을 가지지 않았다. 하지만 새마을지도자가 되고 교육을 받으면서 생각이 달라졌다고 한다. 당시 농촌에서 추진되었던 새마을운동의 핵심은 소득증대사업이었다. 그러나 도시는 그러한 것이 어려웠다. 때문에 구술자는 농촌과 다른 도시새마을운동의 핵심을 정신운동이라고 생각했다.

우선 구술자는 동네 아이들을 새마을운동에 동참시켰다. 아침이면 확성기로 새마을 노래를 틀고 아침 조회도 했다. 아이들에게 국민교육헌장도 낭독하게 하였고 아침 달리기 운동을 비롯해 어른 공경의 자세도 교육시켰다. 또한 견학을 위해 여의도 안보전시장, 국립현충원, 새마을지도자연수원 등에 아이들을 데리고 다녔다. 물론 아이들의 참여를 독려하기 위해 아이들에게 마을금고의 적금통장을 만들어줬다.

덕분에 많은 동네 아이들이 참여했고, 최고로 많을 때는 150명까지 모이기도 했다.

한편 구술자는 1980년대 이후 도시새마을운동이 달라졌다고 보았다. 사람들의 관심이 사회정화운동이나 바르게살기운동 쪽으로 옮겨갔다. 물론 이전에도 서울에서의 새마을운동은 정신운동의 비중이 높았고, 이후 전두환과 노태우 정부 때의 사회정화운동이나 바르게살기운동 역시 그러한 정신운동과 유사했다. 하지만 구술자는 그러한 것들은 정치색을 띠었기 때문에 결국에는 오래 가지 못했다고 말하고 있다. 또한 1980년대부터는 사람들이 이권을 생각하기 시작했다고 하면서, 설사 모임이 있다고 해도 선거가 끝나고 나면 그만두는 사례가 많았다고 한다.

제3장은 김광석 참존화장품 회장의 이야기이다. 그는 1939년생으로 중구 도시새마을연수원 원장을 역임했다. 구술자 역시 당시 수원에 있었던 새마을지도자연수원에서 교육을 받았고, 도시새마을운동의 성패는 교육이라고 판단했다. 그러면서 그는 새마을운동의 활성화를 위해 본인이 약국을 운영하던 중구에 직접 도시새마을연수원을 세웠다. 새마을연수원 운영 당시 그가 가장 중요시한 것은 교육을 위한 강사진이었다. 강의를 부탁하기 위해 대학교수를 비롯해 사회 저명인사들을 찾아다녔고, 덕분에 중구 도시새마을연수원은 강사진이 아주 좋다는 평판을 받게 되었다고 한다.

한편 구술자는 당시 새마을지도자들을 '새마을병'에 걸렸던 사람들이라고 말한다. 그만큼 열성적으로 참여했고, 그만큼 새마을운동이 쇠

퇴한 것에 대해 아쉬워하고 있다고 한다. 물론 이러한 이유에 대해 구술자는 시대가 변했기 때문으로 보고 있다. 또한 어떻게 보면 사람들이 '새마을병'에 걸리지 않아도 발전할 수 있는 사회가 되었기 때문이라고도 분석하고 있다. 아울러 농업사회에서 공업사회로, 다시 IT사회로 변하면서 그것이 더욱 가속화되었다고 그는 말하고 있다.

제4장은 김기명 새마을운동역사연구원 원장의 이야기이다. 그는 1940년생으로 새마을지도자연수원 교관과 연구부장을 역임했다. 구술자는 당시 농협대학 내에 있었던 연수원이 새마을지도자연수원으로 확대·개편되던 모습, 그리고 1980년대 새마을중앙본부의 설립 과정 등에 대해 말하고 있다.

구술자가 강조한 것은 교육이었다. 또한 새마을운동을 성공적으로 이끌기 위해서는 교육 요원들의 '열정'이 중요했다고 한다. 실제로 교육받는 이들에게 모범을 보이기 위해 구술자를 비롯한 교육 요원들은 밤낮없이 노력했으며, 그러한 노력이 교육받은 이들에게 전달되면서 성과를 낼 수 있었다고 구술자는 판단하고 있다.

또한 구술자는 새마을운동 이전에 있었던 재건국민운동 등 기존의 운동 및 조직들은 유급 지도자체제로 운영되었기 때문에 실패한 반면에, 새마을운동을 담당했던 지도자들의 경우에는 오히려 무급으로 활동했기 때문에 자발성을 가진 이들로 조직할 수 있었고 그것이 성과를 보였다고 분석하고 있다.

아울러 구술자는 세계 각국에서 우리나라의 새마을운동을 배우려고 했지만 결과적으로 성과를 못 내고 있다는 점을 지적하면서, 이는 '정성'을 쏟지 않으면서 '열매'를 바라고 있기 때문이라고 분석하고 있다.

한편 당시의 도시새마을운동 중 일부는 기존에 존재하던 조합이나 번영회 등이 하고 있던 사업들과 중첩되었다. 새마을운동 이전에도 그러한 조직들은 존재하고 있었다. 외국 역시 협동조합 같은 조직들이 엄연히 존재하고 있었다. 그러나 이들이 기존까지는 기능을 발휘하지 않고 있었으며, 조직이 있어도 일을 하지 않고 있었다고 구술자는 강조한다. 그리고 그러한 문제들이 1970년대 이후의 도시새마을운동이라는 '계기'를 통해 비로소 해결될 수 있었고, 성과를 내기 시작했다고 구술자는 보고 있다.

제5장은 윤수자 고향을 생각하는 주부들의 모임 중앙회장의 이야기이다. 그는 1941년생으로 역촌동 새마을부녀회장을 비롯해 은평구 여성단체협의회장으로 일했다. 구술자가 새마을지도자가 된 것은 1974년이었다. 당시 그가 새마을부녀회 회장을 맡으면서 추진했던 사업은 정부 지원금과 주민 부담금을 합쳐 역촌동 지역의 도로를 포장하는 일이었다.

당시 은평 지역은 토지구획정리사업이 진행 중이었다. 아직 골목이나 도로가 포장되지 않아 질퍽거리는 곳이 많았다. 아이들이 밖에서 놀다 들어오면 진흙투성이였다. 길을 포장하면 옷을 안 빨아도 되었기 때문에 동네 여성들이 호응해 줬다고 한다. 물론 정부 지원금과 관련하여 예산의 집행 일정 때문에 주민 부담금이 추가로 들어가는 등의 고충이 있었지만, 구술자와 부녀회 회원들의 노력으로 공사를 성공적으로 마쳤고 덕분에 "동네가 환해졌다."라면서 구술자는 당시를 회상하였다.

또한 구술자 역시 다른 새마을지도자들과 마찬가지로 새마을지도자 연수원에서 교육을 받았고 성공사례도 발표하였다. 사회정화운동 및 정부 주관 대회 등과 같은 관제 행사 참여, 대만 해외연수도 경험하였다. 이외에도 구술자는 부녀회 회원들과 함께 각종 수익사업과 폐품수집을 통해 마을금고를 활성화시키는 등 다양한 활동을 하였다.

물론 구술자를 비롯한 부녀회 회원들의 도시새마을운동 참여와 활동은 엄밀히 말하면 노동이었다. 구술자 역시 원래는 구청에서 임금을 주고 사람을 써야 했던 일이라고 말한다. 결국 여러 봉사활동들은 길게 가지 못했고, "윤 회장, 이제 우리 그만하자."라는 소리가 많이 나오게 되었다고 한다. 그래도 구술자는 본인이 평생토록 해야 할 일이라고 생각해서 '극성맞게' 했다고 당시를 회상하고 있다.

제6장은 정경옥 성북구 성북동 새마을지도자협의회장의 이야기이다. 그는 1941년생으로 중구 사직공원에서 사랑의 이용원 운영을 통해 봉사활동을 하였고, 성북동 새마을지도자로도 일했다. 그는 젊은 시절 다른 이발사들과 함께 이발 봉사로 새마을운동에 참여했다. 소년원과 양로원을 다니면서 무료 봉사를 했고, 덕분에 신문에서는 구술자와 동료 봉사자들을 '사랑의 이발사'라고 보도하기도 했다.

또한 구술자는 본인이 살던 성북구 성북동의 새마을지도자로도 활동하였고, 중랑천 지역 및 근교 환경미화, 마을 집수리 등의 활동에도 적극적이었다. 이를 통해 그는 주민들에게 '동네를 위해 뭔가 하는 새마을지도자로 인정'받았다고 한다. 구술자 역시 이러한 지역 활동에서 보람과 재미를 느꼈다고 당시를 말하고 있다.

한편 구술자는 1980년대 이후 대통령 동생이었던 전경환 씨가 새마을운동을 이끌기 시작한 것에 대해 많은 사람들이 비판적인 입장을 가졌다고 술회하고 있다. 실제로 전 씨와 함께 일을 하려는 사람들은 많지 않았다고 한다. 전경환 씨가 공식 석상에서 새마을 관련 연설이나 교육할 때는 강의를 듣지만, 행사 후 전 씨가 나눠주는 선물은 받지 않는 사람들이 많았다고 한다.

제7장은 김다순 전 서대문구의회 의원의 이야기이다. 그는 1948년생으로 서대문구 새마을부녀회 회장을 비롯해 제6대 서대문구의회 의원을 지냈다. 그 역시 다른 새마을지도자들과 마찬가지로 폐품수집과 환경미화에 앞장섰다. 또한 동네 어르신들을 위한 경로잔치에도 적극 나섰으며, 나중에는 바르게살기운동에도 참여하는 등 서대문구 지역에서 많은 활동을 하였다. 아울러 86아시안게임과 88올림픽 당시 새마을지도자들과 함께 자원봉사와 환경미화에 나섰고, 종로 및 광화문 지역 거리 청소 등에도 참여하였다.

물론 이러한 새마을운동이 이제는 많이 줄어들었다고 그는 말한다. 시대가 변하면서 '없는 사람이 없는 시대'가 되었기 때문이라고 구술자는 보고 있다. 이제는 구청 같은 공공기관에서 복지 서비스를 제공하고 있다. 과거에는 독거노인을 찾아가면 가는 쪽이나 맞는 쪽이나 모두가 서로를 살갑게 대했지만, 이제는 찾아오는 것을 귀찮게 생각하는 분들도 있다고 한다.

예전에는 경로잔치나 이웃돕기 운동을 하면 친척같이 대해줬지만, 이제는 복지센터나 자원봉사자들이 존재하기 때문에 많은 이들이 필요성을 느끼지 못한다고 한다. 이러한 사회 변화에 대해 구술자는 일부 아쉬움을 표하기도 한다. 하지만 새마을운동이 없었다면 이러한 사회 발전을 이뤄내지 못했을 것이라고 구술자는 말하고 있다. 또한 새마을지도자들이 이러한 변화를 이끌었으며, 그에 대한 자부심을 가지고 있다고 그는 술회하고 있다.

제8장은 오도석 전 서울시 건설안전관리본부 조사관리과장의 이야기이다. 그는 1941년생으로 마포구 새마을과 계장을 비롯해 중구 지역교통과장 및 세종문화회관 총무과장 등을 역임했다. 구술자는 농촌 새마을운동의 경우 소득증대사업이 강조되었다면, 도시새마을운동은 정신적인 분야가 강조되었다고 설명한다. 그러면서 교통정리와 같은 질서운동, 내 집 앞 청소와 같은 환경미화, 그리고 소비절약과 같은 소득운동이 정신운동과 함께 추진되었다고 설명한다.

또한 구술자는 도시새마을운동와 더불어 추진되었던 직장새마을운동이나 공장새마을운동에 대해서도 언급하고 있다. 이들의 경우 기본적으로 생산성 향상을 목적으로 하며, 기본적으로는 도시새마을운동과 동질성을 가졌다고 지적한다. 실제로 일부 회사의 경우 직장새마을운동을 활발하게 추진하면서 의식개혁이나 생산성 제고 활동을 전개하였고, 참여하는 직원들에게 해외여행이나 승진의 기회를 제공했다고 한다.

한편 구술자는 구청 새마을과의 업무량이 매우 많았다고 회상한다. 주중에는 아침부터 나와서 교통정리를 해야 했고, 토요일에는 자연보호를 위해 환경미화를 해야 했다. 일하다 보면 하루가 짧았다고 한다. 쓰레기 줍기나 청소를 위해 학생들을 동원할 때면 교장 선생님들의 항의도 많이 들었다고 한다.

제9장은 이보규 전 서울시 한강관리사업소장의 이야기이다. 그는 1942년생으로 서울시 새마을과 새마을지도계장을 비롯해 송파구 총무국장 등을 역임했다. 1972년 당시 구술자는 본청 행정과에 있으면서 서울시가 추진하던 도시새마을운동 계획의 초안을 작성하는 작업을 담당했다. 그리고 이는 전국적으로 농촌새마을운동이 활성화되면서 서울시 역시 새마을운동 전개할 필요성을 느낀 시장의 지시였다고 그는 당시를 말하고 있다.

이 시기 서울시는 도시새마을운동을 추진하기 위해 내무국에 새마을과를 신설했다. 그런데 이는 새마을과가 기존 사업들을 흡수하는 형태는 아니었다고 한다. 즉 기존 부처들의 조직이나 예산이 새마을 부처로 이관되는 것이 아니었고, 해당 부처들이 새마을과에 "인원이 몇 명 참가했다. 저축을 얼마만큼 했다."라고 실적을 보고하는 체제로 운영되었다고 한다.

한편 서울에서는 정신교육 이외에도 다양한 형태의 새마을운동이 추진되었다. 농촌에서처럼 일부 지역에서는 주택 개량사업이 추진되었다. 골목길 정비 같은 경우도 대표적인 사례였다. 주민들의 호응도 높았고 사업을 통해 환경개선 등의 성과도 거둘 수 있었다.

하지만 이러한 사업들이 효과만 가져온 것은 아니었다. 골목길 정비의 경우 주민들이 도시계획상의 도로가 아닌 관습도로를 포장하는 일이 빈번해 소송이 오가기도 했다. 지적상 도로가 아닌 남의 땅에 길을 내고 포장해 분쟁이 생긴 것이다. 농촌과 달리 도시, 특히 서울 시내와 같은 도심의 경우 도시계획이나 토지문제가 보다 복잡하게 얽혀 있었다. 심지어 이런 땅만을 일부러 구입하고 소송을 통해 부자가 된 경우도 있었다고 구술자는 당시를 회상하고 있다.

제10장은 조성린 전 종로구청 건설교통국장의 이야기이다. 그는 1948년생으로 서울시 건설안전본부 서무과장과 서울시립대학교 총무과장 등을 역임했다. 구술자는 1976년 시청 새마을지도과로 오게 되었고, 새마을필승사업을 담당하게 되었다. 해당 사업은 서울 각 지역의 새마을운동을 독려하기 위한 것으로, 구술자는 구청별로 주택정비나 골목포장 등 가시적인 성과를 종합해 순위를 매기는 업무를 담당했다. 민선이 아닌 관선이고 구청장이 시장에게 불려가던 시절이었기 때문에 구청에서는 이러한 순위에 신경 쓰지 않을 수 없었다고 한다.

아울러 서울시 역시 일부 지역에서는 농촌과 유사한 취락구조 개선사업이 진행되었다. 대표적인 곳이 지금은 금싸라기 땅이 된 강남구 지역이었다. 물론 당시에는 한적한 농촌과 별반 다를 바 없었다. 하지만 경부고속도로 옆이라는 점에서 환경개선의 필요성이 대두되었다. 그리고 그것은 단순히 지붕만 고친다는 것이 아닌, 새롭게 주거 단지를 조성하고 신축하는 수준으로 추진되었다. 덕분에 해당 지역의 초가집들은 반듯한 신식 양옥으로 탈바꿈할 수 있었다.

문제는 해당 마을들이 그린벨트 지역에 있었다는 점이었다. 사업을 위해 그린벨트를 해제하면서 투기꾼들이 모이기 시작했다. 이축권, 소위 '딱지'가 매매되었다. 주택을 지을 돈이 없는 주민들은 이축권을 팔고 나갔고, 대신 외부인들이 들어왔다. 도심 재개발 시에 발생하는 부동산 투기가 이곳에서도 벌어졌다고 구술자는 당시를 설명하고 있다.

한편 당시 서울시 직제에서 새마을 관련 부서들은 내무국 산하에 있었다. 그리고 내무국장 아래에는 부국장급으로 새마을 부처 과장들을 총괄하는 새마을담당관이 있었다고 한다. 그만큼 서울시 내부에서도 새마을 관련 업무는 관심과 비중이 높았다. 새마을 부처에 몸담으면 시장에게 인정받을 수 있었고, 해당 직원은 승진할 수 있었다.

하지만 1980년대가 되면서 새마을운동은 점차 약화되었고 상황은 달라졌다. 새마을 부서는 조직 내에서도 힘이 없어졌고 승진하는 자리에서도 밀려났다. 새마을담당관 직위 역시 없어지게 되었고 관련 부서들도 조직이 축소되었다. 반대로 사회정화운동이 관심을 받게 되면서 시청과 구청에는 사회정화담당관 자리가 신설되었다. 서울시 내부에서도 '그만하면 됐다.'라는 분위기였다고 구술자는 당시를 말하고 있다.

제11장은 최종협 전 서울시 한강사업본부장의 이야기이다. 그는

1949년생으로 중구 새마을과 새마을지도계장을 비롯해 종로구 부구청장 등을 역임하였다. 1970년대 새마을운동이 한창이었던 당시 그는 새마을 관련 부서는 총무과 다음으로 인정받는 부서였다고 기억한다. 시민들에게 '위세'를 부리지는 못하지만, 윗사람들에게는 능력을 인정받는 자리였다고 한다. 물론 그 대신에 '일이란 일은 다 맡아서 고생하는 자리'였다고 한다. 자연보호, 거리청소, 자판기설치, 산불예방 등 '잡다한' 업무들이 '새마을'이라는 이름을 걸었고, 구술자는 그러한 사업들의 실무를 맡았다.

한편 서울 일부 지역의 경우 새마을가꾸기사업을 통해 농촌처럼 소득증대사업을 진행했다고 한다. 실제로 묘목이나 육우 사업의 경우 강남구 지역 주민들이 신청해 지원을 받았다고 한다. 또한 취락구조 개선사업 역시 병행하였고, 단순히 초가지붕을 교체하는 것을 넘어 구획정리 및 주택 신축 수준으로 사업이 진행되었다.

물론 앞서 언급했듯이 그 덕분에 그린벨트 해제와 땅값 상승을 노린 투기꾼들이 몰려들었다. '용마루값'은 천정부지로 올랐다. 구술자를 비롯한 사업 실무 담당자들도 '새마을운동인데 누가 들어올까?'라고 생각했지만, 나중에는 '그래, 나라도 들어오겠다.'라면서 당시를 회고하였다. 개발부터 하고 법을 나중에 고치던 시대가 아니게 되었다. 경제적 이익, 특히 서울 지역 부동산 개발에 대한 한국 사회의 인식이 바뀐 것이다.

물론 구술자는 구자춘 시장을 비롯해 후임인 정상천 시장이 있던 1970년대 후반이 도시새마을운동의 최전성기였다고 회고한다. 박 대통령을 비롯해 시장들의 관심도 높았다고 한다. 새마을 부서에서 예산을 올리면 예산과에서도 거의 '칼질'을 하지 않았다고 한다. 그러나 구술자는 그러한 새마을운동이 지속적으로 추진되기는 어려웠으며, 설사 10·26이 없었더라도 2~3년 이상 지속되기는 힘들었을 것으로 보고 있다. 실제로 그가 다른 부서로 옮긴 이후 본인에게 새마을 업무와 관련해 문의해 오는 후임자는 없었다고 한다.

본 구술자료집은 채록한 구술 자료를 독자들이 읽기 쉽게 편집한 2차 가공물임을 밝혀두고자 한다. 이 책의 내용 중 일부를 연구에 활용하거나, 더 세밀한 정보가 필요한 경우에는 반드시 소정의 절차를 밟아 서울역사편찬원이 소장하고 있는 원본 자료를 참조하기 바란다. 또한 본 구술자료집은 개인의 사적인 체험과 기억을 술회한 것이다. 일부 내용은 독자나 구술자 간의 기억이 다르기도 하고 일부 과장되었을 수도 있다. 그러므로 독자들은 이러한 점들을 유의해 읽어주기 바란다.

아울러 서울역사편찬원에서는 구술자 개인의 의사를 존중하기 위해 무리한 인터뷰를 자제함과 동시에 비공개로 요청된 부분은 편집과정에서 모두 삭제하였다. 또한 이 자료집은 녹취록을 바탕으로 원고를 정리하였고, 구술자의 동의를 받아 발간하였음을 밝혀둔다.

2024년 11월

서울역사편찬원 전임연구원 류상진

전성장

"새마을지도자는 평생 생을 마감할 때까지 새마을지도입니다"

1933년 경기도 강화 출생
1975년 서울시 서대문구지회 새마을지도자
1980년 새마을지도자 중앙협의회 창립준비위원
1991년 제1·2·3대 서울시 서대문구의회 의원
2003년 대한노인회 서대문지회 대표

면 담 자 오유석(성공회대학교 민주주의연구소)
면담주제 서울시민과 도시새마을운동
면담날짜 2023년 7월 15일(1차)·2023년 7월 27일(2차)
면담장소 서대문구 북아현동 구술자 자택

새마을지도자가 되다

이번 면담은 '서울의 도시새마을운동'이라는 주제로 실시하는 서울역사편찬원의 구술채록사업입니다. 오늘은 전성장 선생님을 모셨습니다. 먼저 도시새마을운동에 관해 설명 부탁드리겠습니다.

전성장이라고 합니다. 제가 새마을운동이랑 인연을 맺은 건 1975년이었습니다. 새마을지도자로 임명이 되었지요. 2월 1일이었어요. 제가 새마을지도자가 되겠다고 했죠. 스스로 하겠다고 했습니다. 북아현3동 22통의 새마을지도자로 임명장을 받았어요. 그때 동장님이 저보고 처음에는 새마을금고 이사장을 해달라고 했어요. 그때 저는 안 한다고 했죠. 저희 집에 가족이 9명이었어요. 행여나 금고 돈을 제가 쓸 수도 있겠다고 생각했거든요.

그랬더니 그럼 대신에 마을금고 육성 차원에서 폐품수집을 해달라고 해요. 마을금고 통장을 만들어주면서 말이에요. 절반은 넣고 나머지는 주겠다고 해요. 그러면서 동사무소 땅 100평을 내놓겠다고 합니다. 그렇게 하면 공간도 마련할 수 있다고 해요. 그래서 제가 하겠다고 했죠. 실은 제가 다른 장사를 하면서 폐지 수집도 했거든요. '크라우드지'라고 박스 종이를 모았어요. 1kg당 1,000원씩 주더라고요. 당시 재건대[1] 얘들은 아무 종이나 모아서 갖다주니까 100원씩밖

---

1 1962년 정부에 의해 조직된 넝마수이의 난제인 노동새진내이다. 1962년 당시 정부는 넝

에 못 받던 시대였어요.

어느 정도 겸사겸사하시던 일이었군요.

그렇죠. 그래서 그다음부터 동사무소 뒤를 다 치우고 리어카 하나 가지고 시작했습니다. 그런데 재건대 얘들이 제가 동사무소 뒤에 세워 놓은 리어카 타이어를 쭉 째는 거예요. 그네들하고 싸움해봐야 소용없어요. 다른 사람들의 말을 안 들어요. 그래서 가만히 생각하다가 파출소 소장을 찾아갔아요. 새마을운동하려고 폐품수집을 하는데 재건대가 와서 찢어놨다고 했죠. 그러니까 소장이 재건대들을 다 소집하더라고요. "너희들 앞으로도 동에서 폐품수집하는 거 계속 방해하면 너희들 인생 끝이다. 구속한다."라고 하더라고요.

1970년대 중반까지도 서울에 재건대나 넝마주이가 꽤 있었군요.

그랬죠. 어쨌든 그러니까 해결이 되더라고요. 그렇게 해서 한 집, 두 집, 이제 시작을 했죠. 리어카를 끌고 다니면서 폐품 받아서 달아서 돈 받으면 그걸 마을금고 통장에 넣는 겁니다. 물론 가끔 비싼 건데 폐품으로 내놓는 사람도 있어요.

마주이들에게 관할 시청에 등록하여 증명을 받고, 지정된 복장과 명찰을 달고 지정구역 내에서만 취업하도록 하였다. 또한 미등록 넝마주이는 처벌하고, 폐품수집을 하지 못하도록 했다. 또한 같은 해 정부는 잠재적 우범자로 간주되던 넝마주이를 관리하기 위해 근로재건대를 조직했다. 이에 서울을 포함한 전국 주요 도시에 약 3,490명이 등록되었다. 근로재건대는 경찰뿐만 아니라 종교·시민단체에 의해 운영되었고, 이후 1979년 자활근로대로 통합되었다.

폐품수집 모습(구술자 제공)

그 시절에도 비싼데 그냥 버리는 사람들이 있었군요.

맞아요. 그러던 어느 날이었어요. 동장한테로 연락이 왔어요. 강민창[2] 씨라고 치안본부장 집에서 전화가 왔답니다. 그 집에 폐품들 내놓는 게 많다고 말이지요. 그 집에 가니까 사모님이 여기 이거 다 가져가라고 해요. 지하실에 딱 들어가서 보니까 폐품만이 아니라 귀

2 강민창(1933~2018)는 경상북도 안동 출신의 경찰공무원이다. 경상북도 경찰국장, 내무부 치안본부 해양경찰대장, 내무부 치안본부장 등을 역임했다. 1987년 박송철 고문치사 사건 당시 "탁하고 치니 억하고 쓰러졌다."라고 발표해 많은 비난을 받았다. 1988년 직무유기 및 직권남용 혐의로 구속되어 1993년 징역 8개월, 집행유예 2년을 선고받았다. 석방 후 은둔생활을 하며 안동향우회장, 진주 강씨 중앙종친회장 등을 맡았고, 2018년 사망했다.

중한 물건들도 꽤 있더라고요.

부잣집이었군요.

물론 저는 종이 같은 폐지류만 가져왔어요. 그렇게 하니까 15만 원이 모이더라고요. 그렇게 절반은 마을금고에 갖다주는 거죠. 절반을 제께 되는 거고요. 어찌 보면 동에서 저를 도와주는 것 같더라고요. 열심히 했습니다. 거기서 힘이 생기는 거예요. 옷 같은 것도 수거한 다음에 동사무소 2층에 쌓아놓고 가져가라고 하고요. 그렇게 하다 보니까 4년 8개월을 했죠.

폐품수집을 할 때 잘 사는 부촌에서 폐품이 많이 나왔고, 어려운 가난한 동네에서는 잘 안 나오고, 혹시 그런 차이가 있었나요?

그러고 보니 가난한 동네 쪽이 수집할 게 별로 없었네요.

선생님이 폐품수집을 하실 때 이웃 주민이나 동네 아이들은 어떤 반응을 보였나요?

새마을지도자로 활동을 한 거니까요. 폐품수집도 동회가 권장한 사업이었고요. 때문에 차별은 없었습니다. 오히려 많은 사람들이 도움을 주셨죠.

폐품수집과 마을금고육성

이번에는 앞의 내용에 대해서 질문을 드릴게요. 우선 1970년대에 폐품수집 과정에 대해서 조금 자세히 여쭙도록 하겠습니다. 직접 수집하러 다니셨던 건지, 트럭 같은 차량을 이용하셨던 건지, 혹은 동사무소 직원이 도와줬다든지, 어떤 방식으로 수집을 했나요?

이 분야는 사람들이 잘 모르죠. 어떻게 보면 사람들이 잘 모르는 거니까 제가 나중에 새마을지도자연수원에서 발표했던 건지도 몰라요. 사람들한테 이런 방식으로의 성공사례가 있다는 걸 알려줬으니까요. 일단 폐품수집은 집마다 방문합니다. 동회에서 가져가라는 집만 골라서 가는 거죠. 매일 폐품을 수집할 시간이 없거든요. 그렇기 때문에 해당 집에서는 폐품을 일주일 동안 월요일부터 금요일까지 모아요.

그러면 제가 월화수목금, 이렇게 5일 동안을 각 지역에 다니면서 모아서 쌓아두는 거예요. 물론 동사무소 뒤쪽이니까 많이 쌓아둘 수가 없습니다. 그래서 월요일부터 금요일까지 수집하고, 토요일에서 일요일 사이에는 정리를 해야 합니다. 정리를 해야 그걸 팔아서 마을금고에다 입금할 수 있거든요. 일요일 저녁에 팔고 월요일에 마을금고에 입금하는 거죠. 일주일 단위로 그렇게 하는 방식이었죠. 반상회를 통해 수집을 원활하게 할 수 있었던 겁니다. 4년 8개월 동안 그렇게 했던 거였죠.

폐품수집 후 전표를 적어주는 구술자(1979년, 구술자 제공)

동사무소 직원들이 도와주는 건 없었나요?

동사무소하고는 상관없습니다. 일단 동장님이 지시했던 거니까요. 마을금고 육성 차원에서 한 것이죠. 거기 직원이나 예비군 중대가 있어도 일절 거기는 개입을 안 했습니다.

폐품들이 그냥 종이만 있는 것이 아니라 병도 있고, 여러 가지 종류가 있잖아요. 이걸 어떻게 혼자 다 분류하셨어요?

그래서 가족들이 도와줄 때도 많았어요.

폐품수집을 한 다음에 대금은 어떻게 처리하는 방식이었나요?

당시 아현3동 세대수가 총 3,684세대였어요. 일단 수납전표를 만들어야 해요. 인쇄소에 가서 만들었지요. 회원 번호랑 이름을 적어요. 제가 폐품을 팔면 마을금고 통장을 가지고 다니면서 입금해 주는 거예요. 판 돈을 전표에 있는 사람들 적금통장으로 말이지요. 그러면 제 임무는 끝난 거예요. 그렇게 마을금고가 육성된 거죠. 전표를 모으니까 두껍더라고요. 한 20권은 됐어요. 나중에 이사할 때 보니까 다 없어지긴 했어요.

그러면 3천 세대별로 통장이 하나씩 다 있었다는 얘기네요

그렇죠. 어떤 사람들은 자기 이름으로, 혹은 딸이나 아들 이름으로 적금통장을 만들어요.

그러면 선생님은 전표랑 통장을 매일매일 들고 다니셨어요?

저는 매일 폐품하고 이거는 꼭 가지고 다닌 거죠. 물론 통별로 순회하는 날짜는 따로 있어요. 3,000개를 다 들고 다닐 수는 없죠.

열심히 활동하셨군요.

그렇게 해서 마을금고는 마을금고대로 돈이 불어나는 거예요. 또 제가 동네에서 일하는 식모들을 불러서 말했어요. 돈을 받으면 다른 은행에 가지 말고 마을금고 직원을 보낼 테니까 거기에 적금을 들라고 말이에요. 그렇게 홍보하니까 식모들이 다 이쪽에 넣게 되더라고요.

아까 선생님이 22통의 새마을지도자로 하셨는데요. 그런데 폐품수집의 경우에는 동 전체를 대상으로 하셨고요. 그렇다면 같은 동洞이지만 다른 통統에도 폐품을 수집하러 갔다는 게 되고요. 그럴 때 다른 통에 사시던 주민들은 반응이 어땠나요?

그때는 반상회를 통해서 미리 얘기를 전달해 놓죠. 매월 반상회를 통해서 누가 폐품수집을 한다고 고지를 하는 겁니다. 일단 당시는 새마을운동이 활성화되던 때였잖아요. 꼭 참여해야겠다고 하던 분들도 많았어요. 잘 협조해 줬습니다. 정부 차원에서 시작한 것이지만 말이에요.

선생님이 보시기에 당시 북아현동 주민들은 새마을운동에 어느 정도나 참여했다고 생각하시나요? 1970년부터 국가 차원에서 활성화시킨 점을 감안한다면 말이죠.

제가 판단하기에 90% 이상은 참여를 했다고 봐요.

이야기를 들어보니까 동장님이 선생님을 많이 도왔다는 느낌이 듭니다. 동장님과의 인연은 어떻게 시작되었는지 궁금합니다.

그때 동장님이 윤석구 씨였어요. 그런데 당시에 풍산금속의 유찬우[3] 사장님이라고 있었거든요. 그분이 여기 사시면서 동장님한테 1970년대 초반에 200만~300만 원을 주셨어요. 그게 마을금고를 시작할 수 있었던 계기였지요.

1970년대 초반에 200만~300만 원이었으면 액수가 컸겠네요.

그렇죠. 그런데 제가 알기로는 마을금고가 그렇게 운영이 되다가 중간에 문제도 생겼다고 해요. 돈이 있으니까 사람 문제가 생겼다고 해요. 그래서 중단되었다고 합니다. 그러다가 동장님이 일부 돈을 내놓으셔서 다시 시작했던 거죠. 동장님이랑 풍산금속 사장님이 희사하신 원금이 씨앗이 되었던 거죠.

주민들이 마을금고에 적금 같은 걸 많이 가입했나요?

많이 가입했어요. 당시 동장님도 알고 있었어요. 마을금고가 지지부진하다는 걸요. 육성이 되지 않으니까요. 그래서 동장님이 주

3 유찬우(1923~1999)는 풍산그룹의 대표이사를 역임한 기업인이다. 1956년 풍산산업주식회사를 설립하고 무역업으로 큰 성공을 거두었으며, 1968년 풍산금속공업주식회사를 설립해 비철금속 사업에 진출했다. 1972년부터 종합탄약 생산업체로 지정받아 국내 최초 종합탄약 공장을 건설하고 다양한 군용 탄약을 개발·생산했다. 1982년 풍산그룹 회장으로 취임하고 비철금속의 대규모 생산체제를 구축했으며, 풍산그룹 대표이사를 역임했다. 1982년부터 18년 동안 한국방위산업진흥회장, 1985년부터 1994년까지 대한상공회의소 부회장, 1986년부터 1996년까지 한국경영사총협회 부회장을 역임하였다.

민들한테 마을금고 적금에 가입하라고 권유를 많이 했죠. 금고 직원한테도 직접 방문하게 했고요. 덕분에 적금이 많이 성사됐고요.

마을금고 적금은 어느 정도 규모였나요? 폐품수집만 했다면 크지 않았을 것 같은데요.

물론 폐품수집만으로 키운 건 아니었어요. 다른 분들이 모은 적금이 컸지요. 식모들부터 해서 다들 적금해 놓은 것들이 말이지요. 1년이면 한 3억 원 정도 됐어요. 마을금고 직원이 그 정도 된다고 하더라고요. 3억 이상이었을 겁니다. 당시 제가 활동할 적에 마을금고가 건물까지 샀거든요. 윤석구 동장님, 참고로 그때 동장님이 별정직이었죠. 그리고 유찬호 사장님이 주신 걸로 시작해서 그렇게 키웠던 겁니다.

당시 동장은 별정직이었군요.[4]

그때는 동장을 사실상 여당에서 임명을 했어요. 윤석구 동장님도 2번을 해서 10년 동안 동장을 했어요. 아마 제가 폐품수집을 그만둘 때랑 비슷하게 1980년도에 그만두셨을 겁니다. 나중에는 구청에서 5급 공무원이 동장으로 왔지요.

5급 공무원이 동장으로 오니까 달라진 점이 있었나요?

정식 공무원이 일을 하기 때문에 행정적으로 많은 변화가 왔

---

4 당시 동장은 5급 상당의 별정직이었다. 1994년 3월부터 행정직으로 전환되었다.

주민 반상회에 참석한 김용래 시장(1988년)

죠. 동사무소가 별정직이 하는 거랑 정식 공무원이 하는 거하고는 다르거든요. 당시 별정직이 할 때는 주민등록번호도 전부 손으로 써서 줬어요. 그런데 임명하는 동장 때부터는 전산화가 되면서 등본도 제대로 발행이 되고 그랬죠.

당시에 반상회에서 새마을지도자의 역할이 따로 있었나요?

일단 반상회를 열면 구청에서 반상회 그 주제를 줬어요. 그 주제를 가지고 반상회에서 통장들이 갖다 그 운영을 하는 거죠. 새마을지도자는 그냥 참여만 하는 거죠. 통장 밑에 있기도 하고, 새마을지도자는 무보수이기도 하니까요. 어쨌든 반상회가 많이 도움 되었죠.

여름철 방역봉사 활동

폐품이나 마을금고 사업 이외에 방역 활동도 하셨다고 얘기를 들었습니다.

그랬죠. 제가 살고 있는 북아현3동이 원래 이화여대 쪽의 산기슭을 접하고 있거든요. 벌레들이 많아요. 그래서 제가 여름철이면 방역 활동을 합니다. 6월 하순부터 10월 말까지 했습니다. 지금은 제가 못하고 있어요. 몇 년 전에 폐에 구멍이 뚫려서 적십자병원에서 2주 동안 치료를 받았거든요. 완치는 됐습니다. 그래서 좀 더 하다가 이제는 그만두고 있습니다.

시청이나 구청에서 어떤 도움을 줬나요?

구청에서 약을 줘요. 이외에 다른 건 없었어요.

동네 분들하고 같이 방역 활동을 하셨다고 하더라고요.

그렇죠. 새마을 모자 쓰고, 다 같이 했습니다. 대략 1976년 7월? 그 무렵부터 시작했을 겁니다. 아마 8월이었던 것 같네요. 연막 소독기를 들고 다녔죠. 나중에 서울신문에도 보도가 됐습니다. 1997년 3월 29일자 신문을 보면 제가 나와요. 이런 사항들은 누가 하라고

연막소독을 실시하는 구술자(구술자 제공)

해서 하는 게 아니었어요. 본인 스스로 좋아서 했던 거죠.

당시 동네 골목에 계단들이 많았다고 하더라고요. 장비를 들고 다니시는데 힘드셨을 것 같아요.

제가 사는 북아현3동이 현재 36개 통으로 구성되어 있어요. 충정로랑 인접한 쪽은 계단이 많습니다. 그 연막 소독기가 거의 42kg이에요. 그걸 메고 계단을 올라갔다 내려갔다 하면 여름철에는 신발에 물이 반쯤 고입니다. 솔직히 계단을 올라갔다 내려갔다 하면 굉장히 힘들었죠. 그래도 그중에는 인심이 후한 분들이 계셨어요. 대문을 열고 나오셔서 음료수를 주세요. 그러면 그렇게 맛있고, 그렇게 기분 좋은 날이 없습니다. 지금도 그분들한테 진심으로 감사를 드리는 마음이에요.

생각해 보니까 당시에는 아직 서울도 재래식 화장실이 많았잖아요. 골목마다 방역이나 소독 작업이 중요했을 것 같습니다.

맞습니다. 지금은 다들 수세식이고, 정화조가 있죠. 하지만 그 당시에는 재래식 화장실이었으니까요. 1주일이면 구청에서 꼭 수거해갔습니다. 그래도 벌레나 구더기들이 많았죠. 거의 집 안까지 점령했다고 해도 과언이 아니었어요. 그러니까 제가 힘든데도 불구하고 몇 년 동안 주민들을 위해서 봉사했던 거지요.

그때 함께 했던 사람들은 어떤 분들이었나요?

저랑 같이 새마을지도자로 활동했던 분들이지요. 박홍국 씨라고 한우촌을 운영하던 분이 생각나네요. 이근도 씨도 있었고요. 다들 많은 도움을 줬지요. 지금은 다들 돌아가셨어요.

당시에 연막소독기 장비는 얼마나 했나요?

싸지는 않았어요. 1990년대에도 계속했거든요. 1991년 당시에도 45만 원 정도는 했어요. 싼 건 아니었어요. 폐품수집을 하다 보니까 모기가 많더라고요. 여기가 안산 자락길이기 때문에 모기가 많아요. 동사무소에서 저녁 야간작업을 하다 보니까 모기가 물고 뜯고 그래요. 그래서 이거 안 되겠다. 연막소독을 해야겠다고 생각한 거죠.

소독약은 어떻게 구하나요?

보건소에서 줬어요. 보건소에 물어보니까 방역소독기는 본인이 사되 약은 자기들이 준다고 했거든요.

동네 사람들이 좋아했을 것 같네요.

맞아요. 시작하니까 주민들이 좋아하죠. 사람들의 의식도 달라져요. 처음에는 제가 사서 메고 다녔어요. 골목마다 말이죠. 그다음에는 자전거에다 실었어요. 자전거에다 싣고 하니까 골목마다 사람들이 다 오는 거예요. 해달라고 말이에요. 골목마다 자전거에 싣고 나 나녔시요. 사전거가 들어길 수 있는 자리는 자전기로 하고, 또 차가 들어갈 수 있는 자리는 차에다 싣고 하고, 계단 있는 곳은 제가 들고 다니고요. 처음에는 없는 집들 골목부터 다녔어요.

방금 말했듯이 당시에 개량 화장실이 아니라 인분을 퍼갔으니까요. 그러니까 얼마나 냄새가 많이 나겠습니까? 그러니까 자기 집 앞 골목부터 해달라고 쫓아다녀요. 그 재래식 화장실에 얼마나 그 구더기가 많아요? 그러니까 그걸로 뿌리면 그게 다 죽어요. 방역소독을 해달라고 전화도 많이 왔어요. 이게 거의 50kg입니다. 메고 올라가요. 올라가서 뿌려요. 사람들이 화장실 문을 열어놓으면 거기다 쭉 뿌리고 다니는 거죠. 올라갔다, 내렸다, 그렇게 다녔어요.

소독 작업은 주로 어느 시간대에 하셨나요? 일단 낮에는 일하셔야 하니까 이른 아침이나 저녁 무렵에 하셨을 것 같네요.

주로 저녁 무렵에 했어요. 6~7시 정도에 했어요.

전국새마을지도자협의회 활동

선생님 다음으로 임명된 북아현동의 새마을지도자는 어느 분이었나요?

없습니다. 현재도 제가 북아현동의 새마을운동 지도자입니다. 그리고 새마을 교육을 연수원에서 이수한 지도자는 평생 생을 마감할 때까지 새마을지도자예요.

용산구 한남동의 서울시공무원연수원과 함께 운영되었던 서울시새마을지도자연수원(1978년)

1970년대 당시 북아현동은 모두 몇 통이었나요?

그때에는 26개였어요. 지금은 17통부터 26통까지는 재개발로 아파트가 들어서면서 합쳐졌고요. 저 같은 경우에는 22통의 새마을 지도자였어요. 지금 22통은 힐스테이트 아파트가 들어서 있죠.

이번에는 교육 부문에 대해서 질문을 드리겠습니다. 1975년에 새마을지도자가 되시고, 1년 뒤인 1976년에 새마을운동교육을 받으셨다고 하더라고요. 교육받을 당시 기억나시는 내용이 혹시 있으신가요?

1976년에 지역 새마을교육을 받았지요. 그해 7월 말인가? 8월

초인가? 그 무렵으로 기억해요. 2주 과정이었어요. 한남동에 있던 공무원교육원[5]이었어요. 지금은 아파트가 들어섰지요. 그리고 1977년 11월에는 새마을지도자 과정도 수료했어요. 그때 특히 새마을지도자연수원의 김준[6] 원장님께서 열성적으로 강의해주셨어요. 2주 동안이 제 평생을 통해서 많은 보탬이 됐다고 저는 자부를 합니다.

수료식 같은 경우에는 시장이 왔었나요?

서울시장은 바쁘니까 대신 교육원장님이 수료식 축사를 했지요.

이번에는 1980년대로 넘어가도록 하겠습니다. 박정희 대통령이 서거한 이후 새마을운동이 어려워지기 시작했잖아요. 그래서 선생님을 비롯한 많은 분들이 새마을운동을 다시 일으키기 위해서 다양한 활동을 하셨습니다. 그때 상황에 대해 말씀을 부탁드리겠습니다.

일단 10·26사건이 컸죠. 다들 부모님 돌아가신 것 같이 참 많은 고통을 느꼈지요. 그렇게 있다가 1980년이 되면서 전국새마을지

5 현재의 서울특별시인재개발원을 말한다. 서울특별시와 관할 자치구 소속 지방공무원에 대한 교육훈련을 담당하는 서울시 직속기관으로 1962년 2월 서울특별시공무원훈련원으로 설치되었다. 같은 해 3월 서울특별시공무원교육원으로 개편되었다. 1979년 8월 현 청사(서초구 남부순환로340길 58)로 신축·이전하여 1999년 3월 서울특별시지방공무원교육원이 되었다. 2007년 4월 서울특별시인재개발원으로 명칭이 변경되었다.

6 김준(1926년~2012)은 전라남도 영광 출신으로 서울대학교 농과대학을 졸업하고 전남대학교 농과대학 교수를 지냈다. 1970~1980년대 새마을운동의 주역으로 활동했다. 새마을지도자연수원 원장, 새마을중앙본부 회장을 역임하였다. 2012년 사망 후에는 국립서울현충원에 안장되었다.

도자협의회가 발족되었어요. 그래서 저도 참여했지요. 원래 발족식은 청와대에서 하려고 했죠. 그런데 국보위 시절이었기 때문에 우리가 거기서 일하기에는 굉장히 불편하겠더라고요. 결국 세종문화회관에 별도로 사무실을 얻었지요. 새마을중앙협의회를 발족시켰습니다. 당시 사무총장이 전경환[7] 씨였어요.

당시에 새마을중앙협의회를 만든 이유가 있었나요?

일단 새마을운동을 추진하기 위한 중앙조직이 없었기 때문이죠.

이후에는 어떤 활동을 하셨나요?

모임은 계속되었어요. 1달에 1번씩 세종문화회관에서 모였죠. 그리고 지역으로 돌아와서 새마을지도자로 활동했습니다. 그러면서 지도자 교육을 많이 했지요. 이외에도 사랑방 활동이라는 것도 했어요. 김준 원장님이 주선했어요. 8개월 동안 숙식을 제공했어요. 시도회장단 교육[8]을 했어요.

---

7 전경환(1942~2021)은 경상남도 합천 출신으로 대한유도학교(현재 용인대)를 나왔다. 1968년 육군 중위로 예편하였고, 1977년 3월부터 1981년 9월까지 대통령 경호실에서 근무했다. 이후 민정당 중앙상임위원, 새마을운동협회 중앙본부 회장 등을 지냈다. 제11대·12대 대통령이었던 전두환의 동생이기도 하다. 이후 새마을협회 공금 73억 6,000만 원 횡령을 비롯해 탈세와 이권 개입 등의 죄목으로 1988년 기소되어 이듬해 징역 7년, 벌금 22억 원, 추징금 9억 원의 형이 대법원에서 확정되었다.

8 구술자가 언급하는 시도회장단교육은 1988년 3월부터 8월까지 무보수로 상근하면서 사랑방봉사활동을 통하여 전·현직 새마을지도자를 찾아 전국을 순회하며 교육 및 위로 사

서울시 지역새마을지도자반 참가자들(1976년, 구술자 제공)

당시 새마을지도자연수원은 어디에 있었나요?

화곡동에 있었어요. 거기서 숙식을 제공했던 거지요. 새마을중앙회연수원은 1985년에 성남으로 옮기게 됩니다. 그 무렵에는 전국 회장단교육을 했어요. 그 당시에 회장단들이 남녀지도자랑 부녀지도자를 합쳐서 635명이었어요. 정교관 원장님이 계셨을 때지요.[9] 저는

업을 했던 것을 말한다. 참고로 당시 화곡동에는 성남(분당)연수원과 별도로 새마을운동중앙본부 산하 새마을연수원이 있었다.

9 정교관은 1937년 전라북도 전주 출신으로 서울대학교 경제학과를 졸업했다. 새마을운동중앙본부 성남연수원(당시 새마을지도자연수원) 원장을 지냈다.

그때 학생장으로 활동을 했습니다.

학생장은 무슨 일을 하나요?

학생장은 아침, 저녁 점호 때마다 활동 사항을 보고해요. 군대 생활의 점호랑 같습니다.

성공사례 발표도 했나요?

이 당시에도 제가 성공사례를 발표했어요. 저는 1976년도의 성공사례 강사를 했죠. 폐품수집한 사례에 대해서 말이지요. 실은 1976년부터 서울시에서 각 구區별 성공사례 발표회가 있었어요. 그때 제가 성공사례 발표자로 나가서 최우수자로 뽑혔어요. 거기서 1등을 했기 때문에 새마을지도자연수원에서도 계속해서 성공사례 강사로 출강했습니다.

성공사례는 주로 어떤 내용을 발표하셨어요?

저는 도시새마을운동의 폐품수집 사례를 발표했죠. 도시새마을운동을 통해 마을금고 육성도 하고, 주민들의 단합도 도모한 사례를 소개했습니다. 물론 저만 했던 것은 아니었어요. 295명이 성공사례를 발표하면서 강사로 활동했지요. 그렇지만 다른 사람들과 다르게 저 같은 경우에는 도시새마을운동이었다는 점에서 차이가 있었지요.

묻고 보내기 운동도 하셨죠?

네, 맞아요. 새마을지도자연수원에서 자기가 담당하고 있는 헌지 마을에 책을 보내는 사업이었어요. 그러다가 어느 정도 정리가 되니까 그다음에는 경북 울진의 원남초등학교에다가 보냈지요. 지금은 폐교되었죠. 거기 새마을지도자로 이훈 씨가 있었어요. 거기랑 자매 결연을 맺었죠. 거기가 당시에는 분교였거든요. 책을 수십 번 보냈어요. 도서실까지 만들었죠. 그때도 저희 가족들이 달라붙었어요.

책은 어떻게 모으셨어요?

폐품수집할 때 나오는 책들이에요. 나오는 것들 중에서 우선 모았던 거죠. 그렇게 해서 학교에 보낸 겁니다.

낙도 어린이들을 초청하는 행사도 했다고 하더라고요.

강화도 낙월도의 분교 학교 어린이들을 서울로 초청했지요. 자매결연을 맺어서 3박 4일 정도로 했지요. 부녀회에서 많이 도와줬지요. 자기 집에다 애들을 재웠지요. 학생이 있는 집에서요.

비용은 어떻게 충당했나요?

다른 차비나 이런 것들은 폐품수집으로 충분한 경비가 있으니까요. 나머지는 거기서 지출했지요.

바르게살기운동 촉진결의 전국대회(1989년)

도시새마을운동의 의미

다른 분들의 이야기를 들어보면 1980년대 이후부터는 새마을운동이 자연보호운동이나 사회정화운동쪽으로 중심이 옮겨지는 분위기였다고 합니다. 선생님이 보시기에는 어땠나요?

1989년에 바르게살기운동이 시작했죠. 하지만 우리는 그분들하고 과정이 달라요. 물론 우리도 활동을 하고, 그 사람들도 활동을 했죠. 2개 단체가 모여서 같이 활동을 하기도 하고요. 정부나 서울시

전국새마을지도자대회에 참석한 구술자(1977년, 구술자 제공)

에서도 많은 도움을 줬어요. 하지만 바르게살기운동하고 우리 새마을운동이랑은 교육이 달랐어요.

바르게살기운동 조직은 새마을운동과 구성원이 겹쳤나요? 예를 들면 선생님이 계시던 아현동 지역의 경우에는 말이지요.

바르게살기운동 경우에도 아현동뿐 아니라 전국적으로 실시했기 때문에 각 시도 단위 조직이 다 되어 있었습니다. 우리 새마을운동도 새마을지도자별로 조직이 따로 다 있었고요. 바르게살기운동 본부가 별도로 있었습니다. 어쨌든 제가 알기로는 두 개 조직에서 이중으로 활동을 한 사람은 거의 없었어요.

얘기를 듣다 보니 궁금한 점이 생깁니다. 일단 새마을운동이라고 하면 일반적으로 농촌을 떠올리는데요. 성과나 홍보가 농촌 위주로 소개되었다는 점도 있겠지만, 구성원들이 얼마나 참여했는가 역시 생각을 해야 합니다. 즉 '도시 새마을운동의 경우에 지역 주민들이 농촌만큼 적극적이었는가?'라는 겁니다. 선생님이 보시기에는 어떤가요?

농촌에서는 활동하기가 수월하죠. 반면 도시새마을운동은 주민들이 좀 더 자기 이익을 원해요. 농촌만큼 도움을 주지는 않죠. 하지만 그저 제가 묵묵히 일하다 보면 '아, 저 사람이 새마을지도자라서 저렇게 열심히 하는 거구나.'라는 걸 느낍니다. 새마을운동을 통해서 남의 모범이 되는 게 중요하다고 볼 수 있습니다. 지금은 동네가 다 재개발되었죠. 하지만 할머니들이나 할아버지들이 모이면 말씀하세요. 도움을 많이 받았다고요. 요즘도 수고했다는 인사를 많이 받습니다.

네 좋은 말씀 감사합니다. 인터뷰는 이것으로 마치겠습니다.

구흥서

"우선 아이들부터 바르게 길러야겠다고 생각했던 거예요"

1938년 경기도 남양주 출생
1970년대 중반 북아현3동 통장 겸 새마을지도자
1978년 어린이새마음갖기모임회 시작
1986년 서대문구 충정로 새마을지도자
2003년 서대문구 새마을지도자협의회 부회장 겸 충정로 동협의회 회장
2010년 무궁화새마을회 회장

면 담 자　오유석(성공회대학교 민주주의연구소)
면담주제　서울시민과 도시새마을운동
면담날짜　2023년 11월 13일
면담장소　서대문구 북아현동 구술자 사무실(새마을쇼파수리전문점)

새마을연수원 교육을 받고 새마을운동을 본격적으로 시작하다

이번 면담은 '서울의 도시새마을운동'이라는 주제로 실시하는 서울역사편찬원의 구술채록사업입니다. 오늘은 구흥서 선생님을 모셨습니다. 우선 도시새마을운동이 추진되었을 당시에 대해 말씀 부탁드리겠습니다.

구흥서입니다. 1970년대에 제가 통장을 하고 있었어요. 당시가 새마을지도자를 임명할 때였어요. 그때 제가 새마을지도자가 되면서 도시새마을운동에 참여하게 됩니다. 통장 겸 새마을지도자로요. 그리고 1979년에 새마을지도자 교육을 받게 돼요. 기수로는 112기였어요. 제가 새마을지도자가 되기 전에는 새마을운동에 대해 별로 생각하지 않았어요. 일단 저도 먹고살기 힘드니까요. 그런데 교육을 받고 보니까 생각이 달라졌죠. 일단 농어촌에서 소득사업을 하더라고요. 그런데 정작 도시에서는 소득사업이 어려워요. '아, 그러면 정신운동을 해야겠구나.'라고 생각했죠.

어떤 활동을 하셨나요?

일단 새마음 갖기 모임회라는 걸 시작했어요. 제가 시작을 하고, 아이들로 주로 구성했어요. 어른들도 협조를 많이 했어요. 제가 새마을교육을 받으라고 하면서 연수원에 입교를 많이 시켰거든요. 부녀자도 있고, 남자들도 있었고요. 일단 교육을 받으면 달라져요.

어떻게 달라졌나요?

교육을 받아보니까 제가 헛살았더라고요. 그래서 '우선 우리 아이들부터 내가 바르게 길러야겠다.'라고 생각했던 거예요.

동네 아이들을 새마을운동에 동참시키다

제일 먼저 어떤 일을 했나요?

당시 저희 집이 북아현3동에 있었어요. 아침이면 라디오에 테이프를 꽂고 새마을 노래를 틀었어요. 집 옥상에 정식으로 스피커를 달아서 5시 50분이면 정확하게 제가 새마을 노래를 틀었습니다. 우선 저희 집 아이들부터 시작했어요. 그러니까 동네 아이들이 한 놈, 두 놈, 자꾸 모여드는 거예요.

아이들을 먼저 모았군요.

맞아요. 그래서 모임 타이틀도 '어린이 새마음 갖기 모임회'라고 했죠. 아침마다 조회를 했어요. 국기에 대한 경례도 하고, 애국가도 4절까지 부르고, 국민교육헌장도 낭독하고, 그러면서 아이들에게는 10가지의 생활 목표를 알려주는 거예요. 예를 들어서 어른에게 공손하게 인사하기라든지, 그런 것들이죠.

이이들을 데리고 새마을운동에 나서는 구술자(1979년, 구술자 제공)

동네 아이들을 어떻게 모을 수 있었나요? 아무래도 어른이 아닌 아이들이었는데 말이지요. 새마을정신 같은 걸 갖고 있을 것 같지는 않아서요. 자발적으로 모였나요?

그렇죠. 아이들이죠. 그래서 일단 마을금고에 통장을 만들어줬어요. 아이들 적금통장을 만들었죠. 당시에는 새마을금고[1]라는 게 있었어요. 거기에 제가 돈 100원을 넣고 통장을 만들었죠. 그럼 나오는 애들한테 그 통장을 주는 거죠. 그러면서 50원은 사 먹고, 50원은 적금하라고 했어요.

아, 그러면 아이들이 금방 모였겠네요.

나중에는 아이들이 저금한 걸 가지고 중학교 갈 때 잘 활용했지요. 옛날에는 중학교를 가려면 돈이 좀 필요했거든요. 어쨌든 이렇게 하니까 아이들이 많이 나왔어요. 최고 많이 나올 때는 한 150명도 나왔어요.

정말 많이 모였네요.

그렇게 아이들을 아침에 지도하니까 애들이 어른한테 공손히 인사를 해요. 자기들이 할아버지 할머니 경로잔치를 하겠다고 그럽니다. 물론 우리 어른들이 다 후원을 하는 거죠. 그렇게 해서 북아현3

---

1 새마을금고는 상호금융기관으로 보통 동네 단위로 설립되며 조합원을 대상으로 예대업무를 한다. 1963년 이래 재건국민운동의 향토개발사업의 일환으로 추진되었다. 이후 1972년 법인설립에 착수하였고, 1973년 재건국민운동에 병설하여 새마을금고연합회를 창립한 후 1975년 독립하여 새마을운동의 주요 시책 사업으로 육성되었다. 1982년 12월 31일 〈새마을금고법〉이 법률 제3622호로 제정되었다.

동에서 경로잔치도 했어요. 당시에 TBC 방송에서도 사람이 왔어요. 이성화 아나운서[2]라고 있어요. 그 양반이 와서 생방송으로 중계도 해줬어요.

아이들을 데리고 견학도 다녔다고 하더라고요.

그랬죠. '아, 내가 얘네들한테는 산교육을 시켜야겠다.'라고 생각한 겁니다. 그래서 현지 견학을 많이 시켰어요. 여의도에 안보 전시장이니, 뭐 기계 전시장이니, 그리고 국립묘지 현충원, 저쪽 충남에 현충사도 갔었어요. 아이들을 데리고요. 그리고 여름에는 제부도를 갔지요. 거기 제부국민학교랑 자매결연을 맺었거든요. 그때 거기는 전깃불도 안 들어왔어요. 물론 그 당시는 다들 어려운 시절이니까 우리도 뭐 크게 도와줄 순 없었어요. 하지만 나름대로 노트나 연필, 공책 같은 걸 사 가지고 갔지요. 아이들을 어른들이랑 해서 한 50명 이상씩 데리고 갔어요.

도시새마을운동의 일환이었으니까 아이들을 데리고 새마을연수원 같은 곳도 가셨나요?

물론 거기도 갔지요. 새마을연수원도 견학시켰습니다. 그렇게

2 이성화는 1959년 부산 MBC에서 아나운서 생활을 시작한 상업방송 최초의 여성 아나운서다. 이후 서울 MBC, RSB 라디오서울, TBC 동양방송 등 다양한 방송국의 개국 아나운서로 활동하였다. 라디오 프로그램인 KBS 제2라디오 〈밤을 잊은 그대에게〉의 DJ를 1964년부터 1972년까지 맡았다.

여의도 안보전시장을 찾은 아이들(1981년, 구술자 제공)

태극기 달기 운동을 하는 아이들과 구술자(1979년, 구술자 제공)

하니까 아이들이 아주 달라져요. 폐품도 모으고, 같이 동네 청소랑 오물 줍기도 하고 그랬어요.

당시에는 드물게 아이들 단체복도 맞췄다고 하더라고요.

이종도라고 의사분이 주신 거예요. 우리가 이렇게 새마을운동을 하니까 아이들 단체복을 기증해 준 거지요.

이번에는 다른 질문을 드릴게요. 당시 시청이나 구청에 새마을과 같은 부서들이 있었거든요. 선생님 같은 분들이 도시새마을운동을 할 때 그런 부서에서 어떤 방식으로 지원했는지, 어떤 형태로 새마을지도자들이랑 협조 관계를 가졌는지 궁금합니다.

당시에는 구청에 정식으로 새마을과課가 있었죠. 거기서 협조를 많이 해줬어요. 물론 실질적으로는 저희가 스스로 했죠. 구청에서 거의 도움을 받지 않았습니다. 그래서 일단 동장이 새마을운동에 적극적이어야 했어요. 그래야 신나서 더 하거든요.

다른 것보다도 동장이 도시새마을운동에 적극적이어야 현장에서의 사업이 잘된다는 거군요.

그렇습니다.

자연보호운동에도 참여하다

자연보호운동도 같이 하셨다고 알고 있습니다.

네 그랬습니다. 동네랑 주변을 깨끗하게 하는 거죠. 아이들 데리고 다니면서 매일 했죠. 그러면서 쓰레기통 보급 운동도 했어요. 옛날에는 쓰레기통이 많지 않았거든요. 드럼통 같은 걸 갖다가 집집마다 나눠줬어요. 쓰레기는 여기다 넣으라고요.

다른 분들 얘기들 들어보니까 도시새마을운동을 하면서 골목 도로를 많이 보수하거나 포장했다고 하더라고요.

우리도 그런 걸 했지요. 그런데 우리는 주민들이 스스로 했어요. 구청에서 도와주지 않아도 그냥 동네 사람들끼리 했지요. 왜냐하면 동네에서 교육받으러 갔다 온 사람들이 많거든요. 갔다 오면 다들 마음가짐이 달라졌죠. 그리고 덕분에 제가 도시새마을운동 관련해서 우수사례 발표도 했어요. 1979년 6월이었어요. 어린이 새마음 갖기 모임 같은 걸 잘했다고 해서 말이지요.

아이들의 새벽달리기 운동을 지도하는 구술자(구술자 제공)

충정로에 무궁화동산을 가꾸다

이야기를 들어보니 충정로 주변에 무궁화동산을 조성하셨다고 하더라고요.

그랬지요. 거기가 종근당 옆 건널목이었어요. 실은 제가 북아현동에 살다가 1979~1980년 무렵에 충정로로 이사를 오거든요. 그러니까 충정로에서 저한테 또 새마을지도자를 해달라고 해요. 하던 사람이니까요. 뭔가를 또 해야겠다고 생각했죠. 충정로동에서 새마을협의회 회장도 했죠. 그때 이제 무궁화를 심기 시작한 겁니다. 저기 봉원사부터 해서 말이지요. 그때가 2호선이 난 다음이었어요. 5호선이 만들어질 때 즈음이었어요. 그러니까 이건 좀 나중에 했던 거지요. 그리고 동산에는 무궁화비를 세웠어요. 새마을운동비라고 해야겠죠. 전라도 익산에 있던 돌을 가져와서 새겼어요. 동네에 아는 사람이 가져다줬어요. 글자도 새겨주고요. 저희 가게에서 소파를 수리해주는 대신에 해줬지요.

공원에 현판처럼 세우신 거네요.

네, 세웠던 게 2001년이었어요.

다른 사람들의 도움을 받았나요?

안 받았어요. 전부 자비로 사다가 심었지요. 여름이 가물면 물 주고, 제 차로 실어다가 가꿨어요. 무궁화가 서울 시내에서 이만큼 많은 데는 없었을 겁니다.

관리는 어떻게 했나요?

이제 심었으니까 매일 청소해야지요. 아침마다 담배꽁초를 주웠지요. 거짓말을 보태서 꽁초가 가마니로 한 10가마니는 모았을 거예요. 제가 농담으로 "이거 박원순 시장한테 담배꽁초 값 받으러 간다."라고 얘기하기도 했었어요. 그리고 거기에 무궁화를 심었을 당시에 2002년 월드컵도 했거든요. 그래서 거기다가 각국의 깃발을 한 30개 정도 꽂아놨어요. 서울시에서도 보기가 좋으니까 월드컵 참가하는 나라들의 깃발을 주더라고요.

그럼 매번 청소를 혼자 하시는 거예요?

혼자 해야죠. 누가 해요? 낙엽도 다 쓸고, 불법 전단지, 불법 광고물 떨어져 있는 것도 치우고, 부착된 것도 떼어내고, 매일매일 하루도 빼놓지 않고 하는 거예요.

새마을 깃발이랑 다른 나라 깃발들도 세웠다고 했는데요. 그럼 국기봉 같은 것도 선생님이 세우신 거예요?

처음에는 제가 다 했어요. 새마을기, UN기 등등도 있었죠. 그러다가 큰 거 몇 개는 서대문구청에서 해 줬어요. 조그맣게 하니까 보기 싫었던 거죠. 크게 제대로 해준 거지요.

구청에서 다른 지원은 안 했나요?

거의 협조하지 않았어요. 가물어서 무궁화들이 누렇게 말라 죽을 것 같아서 구청에 가서 물 좀 주라고 부탁을 해도 차로 한 번 물 싣고 와서 뿌리면 그만이에요. 흠뻑 주라고 해도 제대로 안 하더라고요. 제가 저희 가게에서 물을 떠다가 차로 가서 주고 그랬어요. 그러다가 나중에는 결국 무궁화 대신 거기에 민영환 동상이 들어섰지요. 아쉬운 건 결정하는 자리에 제가 없었던 거예요. 거기에 오랜 세월 동안 무궁화를 심고 자식보다 더 정성을 들여서 키운 것인데 말이지요. 제가 구청에 가서 엄청 항의도 하고 그랬어요.

심으셨던 무궁화들은 어떻게 됐나요?

동상 옆에 15그루 정도였나? 그 정도 남겼어요. 그리고 거기 서소문 들어오는 주변에는 새마을 깃발을 꽂아 놨지요. 또 나머지 무궁화들은 구청에서 남가좌동공원이랑 독립문공원으로 옮겨 심었어요.

무궁화에 있는 진딧물 같은 건 따로 관리를 해 주셨나요?

무궁화니까 벌레가 잘 꼬이죠. 그래서 가을이 되면 제가 도로변에 떨어진 은행잎을 갖다가 뿌려줬어요. 은행나무엔 벌레가 없습니다. 무궁화 심은 데에 갖다 주는 거죠. 그게 썩으면 거름이 되는 거고, 진딧물도 없게 되는 거지요.

좋은 방법이었네요.

그렇지요.

혹시 노숙자나 취객 같은 사람들이 공원에 들어오지는 않았나요?

예전에는 다른 공원 같은 데 보면 그런 사람들이 술도 먹고 누워 있잖아요. 그래서 제가 구청과 의논해서 그 안에 전부 가시나무를 갖다가 심어버렸어요. 그러니까 얘네들이 거길 들어올 엄두를 못 내더라고요. 간단했죠.

확실한 방법이었네요.

맞아요.

새마을운동이 가지는 의미

선생님이 보시기에 서울에서 도시새마을운동이 가지는 의미는 뭐라고 생각하세요?

아까도 말했지만 도시새마을운동은 정신운동이에요. 바르게 살아야 한다는 거지요. 물론 나중에 노태우 대통령 때 바르게살기운동[3] 같은 걸 하지요. 또 전두환 때는 사회정화운동[4] 같은 것도 하고요. 그렇지만 그런 것들은 다들 정치색을 띠니까 문제였어요. 도시에서는 서로들 자기네 이권만 생각해요. 봉사 정신이 있어서 하는데 말이에요. 자기가 희생하거든요. 그러면 다른 사람이 따라오거든요. 제가 매일 어떻게 그렇게 새마을운동을 했겠습니까? 그건 제가 좋아서 하는 거였죠. 제가 좋지 않으면 안 하는 거였죠. 새마을정신을 가졌기 때문에 하는 거라고 볼 수 있습니다.

그럼 나중에 바르게살기운동 같은 것도 참여하셨나요?

안 했어요. 물론 전두환 때 했던 정화 운동 같은 것도 안 하고요. 오직 새마을운동밖에 안 했어요. 물론 다들 바르게 살자고 하는 거죠. 하지만 거기 운동들은 전부 경찰이나 동사무소랑 관계있는 사람들이 했어요. 그쪽 사람들이 주요 회원이었어요.

---

3 바르게살기운동은 〈바르게살기운동조직육성법〉에 의해 설립된 국민운동단체이다. 진실·질서·화합을 3대 이념으로 모든 국민이 함께 자율적이고 능동적으로 바르게살기운동을 전개함으로써 민주적, 문화적 국민의식의 함양과 선진국형 사회발전에 이바지하는 것을 목적으로 하였다. 1989년 4월 1일 바르게살기운동중앙협의회가 창립되었고, 1991년 12월 〈바르게살기운동조직육성법〉이 제정되었다. 1997년 3월 12일 사단법인 설립이 허가되었다. 설립 당시 주관 부서는 내무부였으며 현재는 행정안전부이다.

4 사회정화운동은 1980년 11월 1일 국무총리 소속으로 발족한 사회정화위원회를 중심으로 수행한 정신운동이다. 당시 정부는 사회정화위원회를 통해 정치적, 도덕적 정당성을 표방하고자 하였다. 그 과정에서 도시를 중심으로 공무원, 교육자, 언론인 등을 숙정하였다. 그러나 사회정화위원회는 폭력적 수단과 절차 무시로 인해 사회적 공감대 형성 및 정당성 획득에 실패하였다. 1988년 노태우 대통령 취임 후 사회정화위원회는 폐지되었고, 1989년 바르게살기운동중앙협의회로 재편되었다.

사회정화운동 순회교육(1981년)

선생님은 그런 분들이랑 관련은 없었던 거네요.

그렇지요.

다른 분들 말씀을 들어보니까 1980년대 이후 새마을운동이 변하기 시작했다고 하더라고요. 현장에 계셨던 선생님도 당시에 그런 걸 느끼셨나요?

1979년에 박정희 대통령이 돌아가신 다음에 조금 나태해졌죠. 저도 그렇게 생각해요. 그리고 새마을지도자 같은 경우에는 대개 그 지역에서 장사나 다른 뭘 하는 사람이 하거든요. 나중에 사회정화위원 같은 것도 그런 사람들이 하는 거죠. 그런데 1980년대를 넘어가

바르게살기운동 대회에 참석한 관계자들(1989년)

니까 사람들이 그런 걸 맡을 때 뭔가 이권을 생각하고 한다는 걸 느꼈어요.

이익이 되는지 따져 보는 시대가 됐군요.

그런 거 같아요. 실질적인 봉사 정신이 있어서 하는 건 많이 없었어요. 그리고 이제는 자꾸 정권이 바뀌니까 다들 눈치들이나 보거든요. 모임이 있어도 선거가 끝나면 다들 그만둬버리는 거예요. 다들 형식적으로 참가하는 거예요. 봉사 정신이 있어서 하는 게 아니지요.

시대가 변했네요.

그런 거 같아요.

네 좋은 말씀 감사합니다. 인터뷰는 이것으로 마치겠습니다.

김광석

"직접 연수원을 세워야겠다고 생각했던 거죠"

1939년 일본 출생
1966년 성균관대학교 약학대학 졸업
1966년 피보약국 운영
1978년 중구 도시새마을연수원 제3대 원장
1984년 (주)참존화장품 설립
2001년 국민훈장 모란장 수상
2010년 한중기업경영대상 수상

면 담 자 오유석(성공회대학교 민주주의연구소)
면담주제 서울시민과 도시새마을운동
면담날짜 2023년 8월 24일
면담장소 성공회대학교

중구 새마을운동에 참여하다

이번 면담은 '서울의 도시새마을운동'이라는 주제로 실시하는 서울역사편찬원의 구술채록사업입니다. 오늘은 김광석 선생님을 모셨습니다. 선생님께서는 성균관대 약학대학을 졸업하셨고 중구 도시새마을연수원 제3대 원장을 지내셨습니다. 그리고 1984년에는 참존화장품을 설립하시고 회장직을 역임하셨습니다. 먼저 당시 중구에 추진되었던 도시새마을운동에 관해 설명을 부탁드리겠습니다.

김광석입니다. 먼저 제가 새마을운동에 관심을 가지게 된 계기에 대해 말씀드리겠습니다. 당시에 제가 중구에서 피보약국을 운영하고 있었어요. 학교는 성대 약대를 졸업했습니다. 아버지께서 몸이 좀 약해지셔서 항상 약을 많이 썼습니다. 그래서 제가 약대를 가야겠다고 생각했습니다. 졸업하면서 약국을 냈는데, 이름을 '피보약국'이라고 했습니다. 피부를 보호한다는 뜻이지요.

그렇게 제가 약국을 하는데 당시에는 예비군 훈련을 받고 있었어요. 그런데 그 예비군 훈련장에서 만난 동네 청년들이랑 뭉쳤지요. 아직 30살이 되기 전이었어요. 27~28살 정도 되었을 겁니다. 우

※ 본 구술에는 구술자의 동료인 송기양 님과 김기명 님이 배석하였다. 송기양 님은 구술자의 동료로서 중구 을지로3·4·5가 새마을운동 지도자로 활동하였다. 구술자와 함께 1978년 중구 도시새마을연수원을 설립하였다. 이 장에 수록된 사진 중 일부를 제공하였다. 김기명 님은 새마을지도자연수원 교관과 연구부장을 지냈으며 이 책의 또 다른 구술자이다. 해당 내용은 네 번째 장을 참조할 것.

리끼리 친목회를 하나 만들자고 했어요. 인현동에 있는 청년들의 모임이라 해서 '청인회'라고 했어요. 제가 회장을 맡았어요. 이 사람들이 나중에 새마을운동을 할 때 전부 새마을지도자로 활동을 하게 됩니다.

그쯤에 서울시에서 각 구청에 지시가 내려왔어요. 중앙의 총리실에서 내려왔대요. 서울시 거리가 무척 아주 더럽고 불결하다. 관광객들도 많이 오는데 담배꽁초를 마음대로 그냥 버린다. 그러면서 이걸 버릴 휴지통을 만들라고 했어요. 느닷없이 몇백 개씩 만들라고 내려왔어요. 중구에도 한 400개 놔야겠더라고요. 거주하는 쪽에서 부담하고 관리는 구청에서 하고요. 저희 약국이 있던 을지로3~5가는 30개가 할당되었지요. 동장이 와서 얘기하더라고요. 이거 좀 해주면 어떻겠냐고 말이에요. 그래서 제가 해준다고 했어요. 30개를 만들어 줬어요.

그러니까 동장이 또 그럽니다. 중구에 있는 다른 동장들도 걱정하고 있다고 말이에요. 제가 또 얘기했죠. 제가 400개를 다 해주겠다고 말이죠. 동장이 그럴 필요 없다고 했지만 제가 딱 정색 하고 얘기했어요. "지금 우리 동만 생각해요? 그럼 우리 중구는요?"라고 말이죠.

원래는 구청에서 만들어놨던 게 있었어요. 그런데 조금 지나니까 자꾸 이게 없어졌던 겁니다. 왜 없어지나 알아봤더니 이렇게 쓰레기통이 있으면 그 밑에는 구멍이 뻥뻥 뚫려야 했던 거예요. 왜? 비가 오면 물이 구멍으로 나가야 하거든요. 근데 담배나 휴지 같은 걸 막

넣을 때가 문제인 거죠. 담배꽁초가 아직 불이 안 꺼지진 건데 넣은 거죠. 그러면 바람이 솔솔 불어서 쓰레기통 안에서 화재가 일어나는 거예요. 휴지통이 타버려요. 그럼 새까맣게 타는 거예요. 그러면 얼마나 이게 보기 흉하겠어요? 시민들이 볼 때 중구청에서 이거 관리 잘못하는 거죠. 구청 청소과에서는 그렇게 딱 불이 나면 통 밑을 잘라서 그냥 중구청 청소과에 그냥 갔다가 놓아요. 그러니까 거리에서 자꾸 없어진 거죠.

그러면 선생님이 설치한 것도 이전처럼 문제가 생기지 않았나요?

그래서 사람 한 명을 고용했습니다. 자전거 타고 페인트 들고 다니라고 했어요. 불만 났다 하면 그걸 전부 다시 색칠하라고 했죠. 이게 중구 전역이 있으니까 많더라고요. 나중에는 관리가 힘들어서 한 사람을 더 구했어요. 구역을 둘로 나눠서 하게 했습니다.

화끈하게 추진하셨네요.

그렇죠. 그렇게 제가 설치하겠다고 한 김에 아예 동장이랑 같이 중구청으로 가서 중구청장을 만났지요. 구청장이 반기면서도 저한테 물어봤죠. 왜 그렇게 하냐고 말이죠. 그래서 저도 말했죠. 저도 중구 구민이라고요. 여기서 약국을 해서 그래도 먹고 살게 되었으니까 우리 구를 위해 하겠다고 말입니다. 바로 이해하더라고요. 당장 청소과장을 부르더니 빨리 시작하자고 했습니다. 즉각 설치되었고, 그렇게 관리를 했던 거지요.

새마을운동을 이제 한창 하실 당시 동사무소나 구청 공무원들은 협조나 지원을 잘 해줬나요?

당시에는 중구청에 새마을과가 있었어요. 새마을운동을 담당했어요. 각 동의 경우 새마을운동이 제대로 잘 안 되는 동은 학교로 말하면 열등생이라고 했어요. 새마을운동을 잘하는 동은 우등생이라고 했죠. 그럴 정도였어요. 그래서 제가 있었던 을지로3·4·5동은 항상 우등생이었어요.

주민들이 경쟁을 했나요?

무의식적으로 경쟁화시켰죠. 어느 동에서는 어떤 일을 했다고 자꾸 발표하지요.

구청 새마을과에서 발표했나요?

새마을과에서 했던 거 같아요.

새마을지도자가 직접 구청에 가서 발표했나요?

그럴 거예요. 당시 중구청장이 박종문 씨였어요. 전에는 동대문구청장을 했지요. 우리가 도시새마을연수원을 만든다니까 열심히 도와줬지요. 그렇게 하니까 구청장도 서울시청으로 들어갈 때 영전할 수 있었어요.

중구 새마을운동 촉진대회(1976년)

중구는 도심에 있습니다. 지금도 그렇지만 사람들이 거주하는 곳보다는 상가 같은 게 많았고요. 서울의 다른 곳들보다 새마을운동을 하는 게 더 힘들었을 것 같습니다.

맞아요. 그랬죠.

그러면 장사하시는 분들이 많은 만큼 서울의 다른 지역과 좀 차이가 있었을 것 같습니다. 선생님도 새마을운동을 하셨을 당시 전문직인 약사 일을 하셨으니까요.

그건 잘 모르겠어요. 차이는 별로 없었던 걸로 기억해요. 그리고 제 사업하고 새마을운동을 연계시켜 본 일은 없어요. 그걸로 덕을 보려고 한 것도 아니었고요.

새마을운동 교육 같은 일을 하셨다면 그 시간에 약국 일은 어떻게 하셨나요?

피보약국은 규모가 컸어요. 다른 약사를 채용했지요.

중구도시새마을운동 연수원의 설립과 운영

이번에는 다른 질문을 드릴게요. 우선 중구새마을연수원을 세웠던 과정에 대해서 말씀 부탁드립니다.

1970년대 중반이었어요. 수원의 새마을지도자연수원에서 교육받을 때였어요. 그때 절실히 느꼈습니다. 도시새마을운동은 다른 거 없다. 바로 교육이 정답이라는 걸 말이죠. 연수원을 중구에도 만들어야겠다고 생각한 겁니다. 자금은 제가 대기로 했어요. 그때 저희 피보약국이 아주 잘될 때였거든요.

선생님 혼자서 설립과 운영을 맡았나요?

그렇진 않았어요. 일단 중구의 유지였던 이지재 씨가 운영위원장을 맡아줬습니다. 당시 연수원을 해보니까 가장 중요한 게 교수진이더라고요. 저도 그때 새마을운동 성공사례 강사로 제법 여러 군데

중구 도시새마을연수원(1978년, 송기양 제공)

를 다녔습니다. 덕분에 강사들을 많이 좀 알게 됐어요. 제가 직접 찾아다니면서 좀 도와달라고 그랬죠. 그래서 아주 강사진이 아주 좋았습니다. 김형석[1] 교수님이나 안병욱[2] 교수님 같은 분들도 나왔지요.

---

1 김형석은 1920년 평안북도 운산 출신으로 숭실중학교와 일본 조치[上智]대학 철학과를 졸업했다. 광복 후 월남하여 중앙고등학교 교사를 거쳐 연세대학교 철학과 교수로 재직했다. 미국 시카고대학 및 하버드대학 연구교환교수를 역임했고 오스틴대학에 출강하기도 하였다.

2 안병욱(1920~2013)은 평안남도 용강 출신으로 1943년 일본 와세다대학 철학과를 졸업하고, 서울대학교와 연세대학교에서 강의했다. 1958년《사상계》의 주간을 맡았으며 1959년부터 숭실대학교 철학과 교수로 재임했다. 흥사단 이사장, 도산 아카데미 고문, 안중근 의사 기념사업회 이사 등을 역임했다. 1985년 국민훈장 모란장, 2007년 인제인성대상, 2009년 유일한상 등을 수상했다

중구 도시새마을연수원 입교식(1978년, 송기양 제공)

장병림[3] 교수님도 오셨고요. 아주 교수진이 탄탄했어요. 우리 집사람 차를 송기양 씨가 타고 다녔어요. 그걸로 김형석 교수님을 아주 전속으로 모시러 다녔습니다.

교수님들을 모시러 다닐 때 일화 같은 건 없었나요?

당연히 있었죠. 송기양 씨가 차로 김형석 교수님을 모셔올 때

---

3 장병림(1918~2014)은 함경남도 함흥 출신의 심리학자이다. 한국 심리학자 1세대로 거짓말탐지기 등을 활용한 과학수사 기법을 발전시키는 데 기여하였으며, 심리학의 대중화를 이끌었다고 평가받는다. 1948년 서울대학교 심리학과를 졸업하였고 배재중학교 교사, 해군사관학교 교관 등을 거쳐 서울대학교 심리학과 교수로 재직했다.

중구 도시새마을연수원에서의 강의 모습(송기양 제공)

였어요. 강의 시간이 9시부터 시작이었죠. 그래서 8시 정도에 교수님 집 앞에 도착해서 기다리고 있었어요. 기다리는데 느긋하게 나오시더라고요. 마음이 급해 죽겠는데 말입니다. 오면서 물어보셨대요. "중구연수원을 어디서 운영합니까? 중구청에서 운영합니까?"라고 말이에요. 그래서 "우리 새마을지도자 협의회에서 합니다."라고 말씀드렸대요. 그러니까 "비용은 누가 충당합니까?"라고 물어보셨답니다. 그래서 "우리 연수원의 원장인 김광석 지도자가 댑니다."라고 하니까 이 양반이 그 뒤에서 아무 소리가 없더래요.

그렇게 연수원에 강의를 하러 왔는데 그분이 딱 첫마디를 하더라고요. "오늘 참 너무나도 많은 감동을 받았습니다. 우리 대한민국을 살릴 수 있는 길은 새마을운동이라고 생각합니다. 농촌은 새마을운동이 잘 되고 있습니다. 그런데 도시는 벽이 부딪쳐 있습니다. 처음에는 이곳 중구연수원도 다른 곳처럼 그냥 다 중구청에서 비용을 대고 운영하는 줄 알았습니다. 하지만 새마을지도자가 자기 사비를 들여서, 자기의 모든 걸 바쳐서, 그렇게 한다는 걸 제가 오늘 알았습니다. 감동입니다. 그래서 제가 수강료 받기가 매우 그렇습니다. 여러분! 이 나라 우리 힘을 합쳐서 한번 살려봅시다. 이 얘기를 제가 가는 데마다 가서 다 얘기할 겁니다."라고 말이에요.

수강생들의 반응이 어땠나요?

실은 그때가 첫날이었어요. 첫날이니까 인사랑 소개를 먼저 하죠. 그런데 그거 한 다음에 바로 한 친구가 탁 나오더니 그래요. "여러분, 긴급동의가 있습니다. 여기 지금 이 교육, 자기가 받고 싶어서 온 사람 손 한번 들어봐 주세요." 아무도 안 들어요. 저라도 그렇죠. "아, 도시에서 지금 먹고 살기도 바쁜데 뭘 합니까? 내일부터는 안 나오기로 결의합시다."라고 해요. 그랬더니 다들 박수치고, 막 난리가 났어요. 우리 교관단은 어떻겠어요? '다들 이렇게 내일부터 안 나오자고 하는데, 과연 몇 사람이나 나오겠나?'라는 생각이 절로 나왔죠. 기가 차더라고요. 그런 상황이었는데 교수님이 강사로 오셔서 그렇게 말씀했던 겁니다.

앞의 얘기를 들으니까 다들 안 나왔을 것 같은데요. 그런데 그다음에 강사로

오셨던 교수님의 강의를 들었다는 거네요. 일단 그 뒤로 중구연수원이 계속 운영이 되었으니까 뭔가 반전이 있다는 거 같은데요?

맞아요. 그렇게 다음 날이 됐습니다. 늦어도 8시 30분까지는 사람들이 와야 해요. 한 사람도 안 나오는 거예요. 우리는 문간에 딱 서서 있는데, 아 정말 하늘이 노래지더라고요. 결국은 제가 하자고 해서 연수원을 만들었잖아요. 모든 책임도 제가 져야 하는 상황인 거죠. 그런데 조금 있으니까 한 사람이 탁 오는 거예요. 얼마나 반갑던지요. 눈물이 툭툭 나오는 거예요. 근데 들어보세요. 그날 몇 사람이 나왔을까요? 자그마치 97명이 왔습니다. 이게 중구 도시새마을연수원이 만들어진 가장 결정적인 계기였어요.

안 나오자면서 박수치고 좋아했던 것처럼 보였지만 다들 참여하고자 하는 열의가 있었네요.

그랬던 거죠. 수원에 있는 연수원만 하더라도 숙식을 하니까 거기서 교육을 받는 거죠. 그런데 중구는 달라요. 자기 집에서 오는 거예요. 게다가 자기 일도 바빠요. 그럼에도 다들 나오는 겁니다. 이게 오늘의 대한민국을 만든 결정적인 사건이라고 생각해요. 그렇게 연수원을 열었다고 알려지니까 김준 원장님이 오셨어요. 그분이 그러더라고요. "가장 중요한 게 비용이다. 어디 가서 손을 내밀어서는 안 된다. 다른 데 도움을 받아서 하려고 하는 생각이라면 처음부터 하지 말라."고 하시더라고요. 물론 말씀드렸죠. "저도 같은 생각입니다."라고 말입니다.

비용을 다른 사람들한테 기댈 생각을 하지 말아야 한다는 거네요.

그렇죠. 그런데 저한테 문제가 생겼어요. 그때가 토요일이었어요. 수료식을 마치고 원장실로 돌아오니까 누가 와서 기다리고 있어요. 큰일났다는 거예요. 저희 약국으로 경찰들이 절 잡으러 왔다고 해요. 도망가라고 해요. 잠깐 피해야 한다고 해요. 알고 보니까 그때 제가 만든 피부약이 잘 팔려서 전국에서 환자들이 왔거든요. 그 돈으로 새마을연수원도 했던 거였죠. 그런데 그 약을 다른 약국에도 팔았거든요. 그래서 무허가 제약이 되었지요. 제가 일단 도망을 갔습니다. 문제가 해결될 때까지 6개월 이상 걸렸어요. 덕분에 중구 도시새마을연수원 수료 앨범에 다른 교관들 사진은 있는데 정작 제 사진은 못 실었어요.[4]

중구 도시새마을연수원은 처음부터 황학동에 있었나요?

처음에는 신당8동이에요. 거기에 부녀회관이 있었어요. 거기를 빌려서 했어요.

운영비 이외에 월세 같은 건 어떻게 해결했나요?

그건 안 냈어요. 중구청에서 냈죠. 그리고 연수원에 새마을지도자를 5명 정도 보내줬어요. 그리고 좀 이따 이사를 했어요. 무학동

---

4 구술자는 1966년 중구 충무로에 피부약을 전문으로 조제하는 피보약국을 설립하였다. 이후 피보약국이 유명해지면서 전국의 약사들이 피보약국을 방문하였고, 전국 60여 곳에 약을 조달했다. 문제는 이것이 무허가 제약으로 1979년 보건범죄단속법에 적발되었고, 법원에서 징역 3년, 집행유예 5년, 벌금 8억 3,000만 원을 선고받았다.

으로 갔다가 다시 황학동으로 왔지요.

약국 문제가 해결된 다음에도 계속 활동하셨나요?

그렇죠. 중구 새마을지도자 협의회장을 계속했어요.

내가 받은 새마을 교육의 영향과 의미

이번에는 선생님이 받으신 새마을 교육에 대해 질문드릴게요. 당시 교육받은 내용은 어떤 것들이었나요?

일단 새마을연수원에 들어가니까 느껴지더라고요. 이게 학교 교육보다 더 실질적인 교육이라는 걸 말이죠. 우리 생활에 더 잘 맞고, 우리 피부에 더 닿는 겁니다. 국가관을 심어 주는 데도 매우 중요한 역할을 했고요. 이런 걸 제가 느꼈기 때문에 이 느낌을 다른 사람에게도 전달해야겠다고 생각한 거예요. '중구청에서 알아서 해주면 참 좋겠다.'라고 생각은 했지만 그런 건 잘 안되는 사안이니까요. 목마른 사람이 샘을 판다고나 할까요? 그러니까 제가 직접 세워야겠다고 생각했던 거죠.

어떤 교육이 제일 기억나세요?

김준 원장님이 특강한 것 중에서 기억나는 게 있어요. 항상 도와주기를 바라는 것이 우리 일반적인 생각인데 우리가 먼저 도와야 한다는 걸 깨우쳐 줬죠. 아무리 교육을 100번을 받아도 마음이 생기지 않으면 그 교육은 효과가 없는 것이죠. 그런 깨우침을 준 것이 특별히 오래도록 기억에 남습니다.

성공사례 발표는 어떤 걸 하셨나요?

그동안에 제가 세상을 살아오면서 항상 먼저 앞장서서 길을 찾겠다는 생각으로 인생을 살았다는 걸 발표했어요. 다른 사람도 그랬으면 좋겠다고 했지요.

아까 말씀하신 것 중에서 중구에 사는 사람들도 어려울 때였다고 하셨잖아요. 그럼 솔직히 교육을 들으러 오는 분들도 어느 정도 고충이 있었을지도 모른다는 생각이 듭니다.

처음에는 동장이 사정사정하고, 혹은 하루만 다녀가도 된다고 했던 경우도 있었어요. 저희 교관들도 같은 입장이었어요. 다들 어려울 때니까요. '왜 저 사람들은 저렇게 열심히 참여하는데 나는 이러고 있는 건가?'라는 생각이 들게끔 저희가 정성을 다했던 거예요. 정성을 다한 만큼 그 열매는 맺어지기 마련이에요. 그리고 좋은 교수님들이 오시고요. 게다가 중구에서 새마을지도자가 되면 인정을 받는다는 걸 사람들도 알기 시작하니까 서로 교육받으러 오게 되었던 겁니다.

새마을운동의 성격과 변화에 대한 감상

다른 분들도 공통으로 말씀하십니다. 도시에서 할 수 있는 새마을운동은 교육이라고 말이죠. 그러면 중구의 새마을지도자들은 자기 지역에서는 어떤 활동을 주로 했었나요?

글쎄요. 거기까지는 잘 모르겠습니다. 아마도 제가 계속 중구에서 활동하고 있었다면 교육받은 사람들이 나중에는 어떻게 활동했는지 자세히 알 수 있었겠죠.

선생님도 도시새마을운동을 위해서는 교육이 중요하다고 생각하셨나요?

아까도 말했듯이 그렇습니다. 그 교육이 꼭 새마을운동이 아니더라도 말이지요. 그런데 새마을운동을 위한 교육이라면 더더욱 해야지요. 새마을운동은 따지고 보면 자기 계발 운동이에요. 자기 계발을 해야 잘 살 수 있는 거죠. 그리고 그런 건 남의 도움을 받는 게 아니라 스스로 해야 하는 거고요. 그게 제일 좋습니다. 그런데 보통은 그런 생각이 안 나오니까요. 안 하니까 그런 생각이 나오도록 도와주는 것이 새마을 교육이라고 할 수 있는 거예요.

이번에는 다른 질문을 드릴게요. 많은 분이 동의하십니다. 1980년대 이후 새마을운동이 약화되었다는 사실을 말이죠. 선생님이 보시기에는 어떤가요?

사실 저도 비슷한 생각을 했던 적이 있어요. 수원의 새마을지

내집 앞 쓸기 운동(송기양 제공)

도자연수원에서 김준 원장님을 봤잖아요. 생각했죠. '저런 분이 있어서 지금 새마을운동이 이렇게 잘 되고 있구나. 만약에 저런 분이 그만둔다면 어떻게 되겠냐?'라는 걱정이 있었죠. 일단 모든 것은 주위 환경에 영향을 받습니다. 그때는 국가적으로 새마을운동에 대단한 정열을 쏟고 있었어요. 그래서 새마을운동 하면은 누구나 다 관심을 가졌죠. 필요하다면 참여하는 그런 환경이었어요. 지금은 "새마을운동 그게 뭔데?"라고 하죠. 하지만 우리를 부러워하는 후진국에서 볼 때는 모두가 다 놀라고 있죠.

환경이 언제부터 바뀌었다고 보시나요?

그동안에 정권도 몇 번 바뀌었잖아요. 무엇보다도 정권이 바뀌면서 큰 영향을 받았습니다. 왜냐하면 새로 정부가 들어서면 자기들이 생각하는 것과 다르거든요. 그러니까 알게 모르게 영향을 미쳤다고 봐요. 또 새마을운동 하는 사람들도 잘 알아요. '뭐 국가도 이렇게 별 관심 안 가지는데 내가 뭐 이제는 할 수 있겠나?'라고 생각하는 거죠.

공중도덕지키기 운동(1973년)

새마을지도자들이 점점 의욕을 잃었다고 봐야 할까요?

그렇습니다.

그러면 1980~1990년대 새마을운동은 어떤 성격으로 진행됐다고 생각하세요?

일단 새마을지도자들은 한 번 '새마을병'에 걸렸던 사람들이에요. 체질이 좀 새마을운동에 가깝게 변했다고 할까요? 그 사람들은 새

상점의 퇴색한 셔터를 도색하는 모습(송기양 제공)

마을운동이 쇠퇴한 것을 일단 안타깝게 생각하기는 할 겁니다. 자기 혼자 힘으로 할 수 있는 건 아니니까요. 시대가 변했죠. 수원에 있던 새마을연수원도 지금은 분당으로 옮겼잖아요. 이제는 교육도 조금 덜하지요. 소극적이고요. 무엇보다도 거기 가서 교육받은 걸 자랑스럽게 여기는 풍토가 없어졌어요. 어떻게 보면 '새마을병'에 안 걸려도 발전할 수 있는 사회가 된 거라고도 할 수 있겠네요.

세상이 변한 가장 큰 요인은 어디에 있을까요?

우리 사회가 예전에는 농업 위주의 사회였잖아요. 그게 산업사회로 발전했고, 이제는 IT 사회로 갔죠. 엄청나게 바쁘게 돌아가는 거죠. 케케묵은 옛날 걸 가지고 신경 쓰고 거기에 시간을 뺏길 겨를이 없는 겁니다. 새마을운동이 시대의 조류에 뒤떨어졌다고 할까요. 결국 그래서 젊은 층에 외면당하게 된 것 아닌가 생각합니다.

마지막으로 새마을운동이 선생님 인생에 어떤 의미가 있었는지 한마디 부탁드리겠습니다.

새마을운동처럼 우리 민족이 지금까지 해온 여러 가지 좋은

도심 방역작업 모습(송기양 제공)

것도 많이 있을 겁니다. 하지만 새마을운동은 지금도 전 국민이 해야 하는 운동이라고 생각합니다. 아까 얘기했듯이 이만큼 우리가 발전했으니 그것을 길이 후손에 남겨서 더욱더 발전할 수 있도록 기반을 마련해 줘야 한다고 생각합니다.

네 좋은 말씀 감사합니다. 인터뷰는 이것으로 마치겠습니다.

김기명

“어느 만큼 정성을 쏟았느냐가 중요해요”

1940년 경상남도 거창 출생
1974년 새마을지도자연수원 교관
1987년 새마을지도자연수원 연구부장
1988년 (주)석연인터라이프 이사・상무
2008년 서울여행가회 회장
2023년 새마을운동역사연구원 원장

면 담 자 오유석(성공회대학교 민주주의연구소)
면담주제 서울시민과 도시새마을운동
면담날짜 2023년 8월 24일
면담장소 성공회대학교

도시새마을운동의 확산과 주요 사업

이번 면담은 '서울의 도시새마을운동'이라는 주제로 실시하는 서울역사편찬원의 구술채록사업입니다. 오늘은 김기명 선생님을 모셨습니다. 선생님께서는 새마을지도자연수원 교관을 비롯해 새마을지도자연수원 연구부장을 지내셨습니다. 먼저 당시 추진되었던 도시새마을운동에 대해 설명을 부탁드리겠습니다.

김기명입니다. 먼저 당시 추진되었던 도시새마을운동에 대해 말씀드리겠습니다. 일단 농촌에서 시작된 새마을운동이 성과를 거뒀다는 것이 중요해요. 그러면서 자연스럽게 도시에서도 새마을운동을 했으면 좋겠다는 생각으로 이어진 거죠. 그리고 나중에 1980년대로 넘어가면 1986아시안게임이나 1988올림픽도 예정되어 있었잖아요. 그래서 도시는 도시 나름대로 할 일들이 있었던 겁니다.

그럼 도시새마을운동에서 할 수 있는 것들은 구체적으로 어떤 것들이었나요?

예를 들면 제일 먼저 질서를 들 수 있습니다. 공통적인 거죠. 도시에서는 질서를 지키는 것이 중요해요. 여러 가지가 필요하지만 제일 먼저 손꼽으라면 생활 질서가 대표적이에요. 교통질서 지키기, 차례 지키기, 줄서기, 이런 것들을 통해 거리 질서를 바로잡는 것이지요. 가시적인 질서 바로잡기 운동이 필요하다고 할 수 있어요. 두 번째로는 도시에서의 환경정비 사업을 꼽을 수 있죠. 예를 들자면 간

질서지키기운동(1983년)

판 정리 같은 것을 들 수 있습니다. 그리고 상점들이 인도에 물건 안 내놓기, 자기 가게 물품을 밖에 내놔 통행을 불편하게 했던 게 옛날에는 일상이었거든요. 그런 것들도 자연스럽게 정리가 되는 거지요. 그다음에는 시장 질서, 거리 질서, 그리고 바가지 안 씌우기, 이런 정신적인 질서 운동도 필요하다고 할 수 있습니다.

그다음에는 근검절약이 필요했어요. 물건을 재활용하고, 지역별로 아파트면 아파트 단위로 지역을 나눠서 바자회 같은 것도 하고요. 새마을부녀회 지도자들이 바자회도 하고 폐품 수집도 해서 기금을 조성하는 거죠. 그러면 그걸 가지고 불우이웃을 돕거나 하는 겁니다. 혹은 도서 지역 농촌 돕기, 이런 것들을 하는 거죠. 나아가서는

서울특별시 새마을부녀회 소비절약 촉진 단합대회(1979년)

군부대 위문이라던지 수해지구 위문으로도 확대가 됐고요.

또 1970년대에는 서울도 은평 같은 쪽은 전부 미개발 지역이라서 장화 없이는 못 사는 동네였죠. 하수도도 없고, 도로포장도 제대로 되어 있지 않았고요. 그쪽의 윤수자[1] 새마을부녀지도자 같은 사례가 그러한 문제를 해결했던 것이었다고 하겠습니다. 어떻게 보면 1970년대, 그러니까 초기의 도시새마을운동은 농촌새마을운동처럼 상수도 인입이라든지 도로포장이라던지, 뭐 이런 사업들로 시작된 사례들이 많아요. 그런 개발사업으로 시작된 다음에 도시가 제대로 정착되면서 1980

1 이 책의 또 다른 구술자이다. 해당 내용은 다섯 번째 장을 참조할 것.

년대에는 질서 중심의 운동으로 발전되어 갔다고 볼 수가 있죠.

마을금고 만들기도 도시새마을운동에서 빼놓을 수 없을 것 같습니다.

맞아요. 저축운동을 일으켰지요. 도시에서 본격적으로 지역별 새마을금고가 생겨나기 시작했죠. 그럼 새마을금고가 제대로 돌아가게 되면서 그걸 주축으로 해서 지역의 개발이 이뤄지는 거였어요. 오류동의 강장석[2] 새마을지도자도 새마을금고를 잘 꾸렸지요.

난곡 지역 새마을금고도 잘 되었고요. 도시새마을부녀회에서 폐품수집이랑 재활용운동을 하면서 잘 육성했지요. 그러면서 공동구매나 생활물자 구매 사업까지로 확산되었습니다. 그리고 반상회에서는 부녀회가 중심이 돼서 이웃 간에 인사하고 지내기, 그러니까 상부상조를 강조하게 되었지요. 그러면서 불우이웃돕기사업 같은 것도 같이 하고요.

사업들이 꽤 많았네요.

각 지역의 특색에 따라서 할 일이 아주 많았습니다. 도시에서는 재활용, 근검, 절약, 저축, 이웃돕기, 이런 사업들을 진행했던 거지요. 1~2개 동네에서 성공하는 사례가 생기니까 그것이 다른 동까지 전부 확산이 되었던 겁니다. 도시 하나가 체질 개선을 하는 거지요.

---

2 강장석은 서울시 영등포구 오류1동의 새마을지도자였다. 1975년 11월 오류1동 새마을금고가 창립되면서 이사장으로 선임되었다. 당시 오류1동 새마을금고 회원은 94명, 출자금은 1억 원이었다. 2010년 제2대 구로문화원장으로 임명되었다.

예를 들면 중구에서는 김광석[3] 새마을지도자가 중심이 되어서 중구 도시새마을연수원을 만들었죠. 강원도 원주에서는 장송모[4] 지도자가 사비로 지역연수원을 만들었던 사례도 있습니다.

그리고 도농 간에 협력하는 것도 추진하는 거지요. 직거래 장터를 만드는 겁니다. 농촌의 생산자들이 특정 지역 아파트 단지 부녀회랑 결연을 맺고 1~2주일에 1번씩 직거래 장터를 여는 겁니다. 생산자와 소비자가 직결하는 거죠. 그런 미담들도 생기는 겁니다.

이외에도 서대문구 아현동의 전성장[5] 새마을지도자 같은 경우에는 책들을 수집해서 낙도의 초등학교에 기증했죠. 독서운동을 불러일으켰던 겁니다. 그런 것들이 도농 간의 협조를 얻는, 상부상조하는 풍조를 만들어 내는 거지요. 농촌에 풍수해나 재해가 오면 도시민들이 가서 자원봉사를 한다든지, 농번기 일손 돕기를 한다든지, 그러면 농촌과 도시가 같이 발전하는 거지요.

---

3 이 책의 또 다른 구술자이다. 해당 내용은 세 번째 장을 참조할 것.

4 장송모는 강원도 원주의 새마을지도자였다. 1974년 사비로 원주새마을향토연수원을 세웠고 5,883명의 교육생을 배출하였다. 새마을운동중앙본부 임원으로 40년 동안 활동하였다. 장송모 도자연구원를 운영하고 있으며, (사) 도자문화연구회 이사장을 역임하였다.

5 이 책의 또 다른 구술자이다. 해당 내용은 첫 번째 장을 참조할 것.

새마을지도자연수원과 농협

이번에는 다른 질문을 드릴게요. 1974년에 선생님이 교관으로 계셨던 새마을지도자연수원이 수원에 있었습니다. 그 과정에 대한 설명을 부탁드리겠습니다.

먼저 1972년에 농협대학[6]에 독농가篤農家연수원이 경기도 고양에 세워져요. 독농가라는 말이 '농사를 잘 짓는 사람'이라는 뜻이에요. 남들보다 더 과학적으로 짓는다든지, 농촌에서 본받을 만한 그런 사람들인 거죠. 그래서 이제 새마을운동이 시작되면서 각 지방의 군郡에서 한 사람씩 독농가들을 연수원으로 모이게 했어요. 매 기수마다 140명씩 1기, 2기, 3기, 총 420명의 수료생을 배출했지요. 그 사람들이 바로 새마을지도자였어요. 그러면서 교육 명칭도 새마을지도자교육으로 바뀌게 되고요.

처음에는 농협대학 내에 부설되어 있는 형태였네요.

그렇죠. 그런데 마침 수원에 농민회관을 짓고 있었어요. 농민들이 쌀 한되박, 보리쌀 한되박, 이렇게 거둬서 농민회관을 짓고 있었죠. 그런데 그렇게 하다 보니까 돈이 없잖아요. 농민들이 무슨 돈

---

6 농협대학은 1962년 학교법인 건국학원 산하 농업협동조합초급대학으로 설립되었고, 1966년 농협학원이 인수하여 현재 위치인 고양시 덕양구 원당동으로 이전했다. 1979년 농업협동조합 전문대학, 1998년 농협대학, 2012년 농협대학교로 교명이 변경되었다. 현재는 농협이 운영하는 3년제 전문대학이고 농협중앙회 회장이 이사장을 맡고 있다.

새마을지도자연수원을 방문한 박정희 대통령(1976년)

이 있겠어요? 지지부진했죠. 그때 박 대통령이 그걸 알고 그때 돈으로 3억 원 정도를 줬어요. 공사비를 말이에요. 그러면서 시설을 완공하니까 거기서 새마을지도자교육을 하자고 했던 거예요. 그리고 완공 전이었던 1973년 7월 고양에 있던 연수원을 수원으로 옮기게 되지요. 그러면서 간판도 독농가연수원에서 새마을지도자연수원으로 바꿔 달았고요.

당시 연수원 직원들은 신분이 뭔가요? 농협대학 교직원인가요? 아니면 농림부나 내무부 공무원인가요?

일단 농협에서 중간간부 직원들을 데려다가 교관으로 썼어요. 시설 유지하는 돈도 전부 농협에서 댔어요. 새마을교육을 할 때 교육비는 정부에서 지원해 주었고 나머지 돈은 전부 농협에서 감당했었습니다. 처음에 새마을운동을 시작할 때 박 대통령이 농협중앙회에 오셔서 "이거 사실 농협에서 할 운동이다."라고 했거든요.

교관 일은 어땠나요?

당시 농협에는 저 같은 농촌에서 태어난 촌놈 중에 농촌 발전을 위한다고 전력투구를 해보겠다는 사람들이 많았습니다. 그중에서 뜻있는 사람들을 모아서 교관으로 파견했던 겁니다. 그러면 교관들은 1달에 3~4일밖에 집에 못 가요. 밤낮없이 연수생들하고 숙식을 같이 해야 하거든요. 보람은 있지만 굉장히 힘들었어요. 어쨌든 1980년 4월까지 새마을지도자연수원은 농협의 기구였어요. 방금 말했듯이 교육비만 정부에서 대고, 시설 유지비나 인건비는 농협에서 충당했던 겁니다.

새마을지도자교육을 받으러 오는 사람들도 잘 모를 것 같네요.

맞아요. 교육을 받으러 오는 분들도 교관들이 어디 소속인지 잘 몰랐어요. 심지어는 장관이나 차관 같은 사람들도 잘 모르더라고요. 처음에 오면 물어보지 못하다가 4~5일 정도 지나면 물어봐요. 일요일에 입교해서 대충 목요일 정도 되면 말이에요. "도대체 당신들이 뭐요?"라고 말이죠. 오는 분들도 나름대로 생각하는 거예요. '저 사람들이 무슨 박 대통령의 특명을 받아서 특별히 온 특수요원인가? 무슨 안기부 요원들인가?' 이런 생각들을 하다가 나중에 친해지면 물어보는 거죠. "도대체 선생님은 신분이 뭐요?"라고 말이에요. 그러면 "저희는 농협 직원입니다."라고 말해주죠. 그러면 다들 놀라요.

당시 연수원 원장이었던 김준 원장님도 농협 소속이었나요?

예, 김준 원장도 그때는 농협대학 교수였어요. 다들 깜짝 놀랐죠. 농협에서 이렇게 큰일을 하느냐고 말이에요.

다른 분들 얘기를 들어보면 수원이나 성남에 있는 연수원에서 교육을 받기도 하지만 자기가 살고 있던 구청에서 운영하던 새마을연수원, 혹은 한남동에 있던 서울시공무원연수원에 들어가서 교육을 받기도 합니다. 각자가 별개로 진행되었던 건가요?

별개로 운영되었어요. 직제상 중앙연수원과 지방공무원연수원이 연결되어 있거나 그런 건 아니었어요. '새마을중앙연수원'이라고 했지만 말이에요. 물론 시간표나 커리큘럼은 지방공무원연수원에서 받는 거랑 어느 정도 비슷해요.

사단법인 새마을운동중앙본부 설립

그러다가 나중에 10·26이 일어나고 바뀌게 되는 거네요.

그렇죠. 원래 그전에도 민간 주도로 해야 한다고 했어요. 박 대통령도 "조금만 기다려봐."라고 하시면서 1979년 9월10일 새마을지

새마을지도자연수원 교육 모습(1975년)

도자연수원설치법 제정방침을 재가하셨죠. 그러다가 10·26이 났죠. 그해 12월 7일에 내무부가 주관을 해서 회의를 해요. 연수원을 민간 주도로 법인화를 하자고 말이에요. 특수법인으로 말이죠. 그때 장관이 구자춘, 차관이 서정화였어요. 그렇게 1980년 4월 22일에 특수법인 새마을지도자연수원을 발족해요. 그리고 새마을운동중앙본부가 12월에 설립하죠. 본부가 더 늦어요. 별개 기관이었고요.

연수원이 법인화가 되었으면 농협 소속이었던 직원들은 소속이 어떻게 되나요?

농협으로 돌아간 사람이 있고, 그대로 연수원에 잔류한 사람들도 있고요. 저 같은 경우에는 남은 쪽이었죠.

그리고 이제 새마을운동중앙회에는 대통령 동생인 전경환 씨가 등장하겠네요.

예, 맞아요. 청와대에서 추천했던 거죠. 전경환 씨도 뭔가 해야겠는데, 정치 쪽이나 기업으로는 들어갈 수도 없고, 새마을은 봉사기관이니까 가서 봉사를 하면 좋지 않겠느냐는 생각이었던 거죠.

그럼 별개였던 연수원과 중앙회는 언제 통합하죠?

1983년 12월이었어요. 그해 5월에 분당에 연수원 건물을 신축했거든요. 그리고 연말에 양자가 합쳐졌지요. 사단법인 새마을운동중앙본부에 성남연수원을 합치죠.

새마을운동과 공무원들의 관계

당시 시청이나 구청에 새마을과 같은 부서가 있었잖아요. 선생님 같은 분들이 일을 할 때 그런 부서의 공무원들과는 관계가 어땠나요?

주민들의 필요에 따라서 사업이 변해갔다고 봐요. 일단 공무원들의 영향력은 그렇게 크지는 않았어요. 물론 각 지역에서 연수생을 선별하는 일을 지방공무원들이 해주셨어요.

중랑천 제방 축조 모습(1974년)

주민들의 필요라면 어떤 사례들이 있을까요?

예를 들면 하천 정비를 잘했다고 하면 다른 동네에서도 그 사례를 본받았지요. 마을금고가 잘 됐다고 하면 다른 동에서도 하는 거고요. 즉 새마을운동은 핵 확산 운동이라고 볼 수 있어요. 누가 하라고 명령하기보다도 자연 발생적인 거라고 봐요. 어떤 지역에서 하나의 사례가 효과를 거두고 정착하게 되면 다른 지역에서 그걸 본받아

전통시장 새마을조기청소에 참가한 염보현 시장(1985년)

확산하는 거죠. 그렇게 성공이 계속되는 거죠.

시장에서 간판 정리를 하는 것도 비슷해요. 그러면 공무원들이 전문가들한테 의뢰를 해서 새로 디자인하는 거예요. 예를 들자면 동대문구의 전농시장 경우가 있죠. 당시 전농시장은 어떤 스타일로 간판들을 일원화해보겠다고 했거든요. 자기 거리를 특색 있는 거리로 만들겠다는 겁니다. 혹은 공무원들이 시장에 다니면서 인도에 상품을 진열하지 말라고 지도하거나 제재해도 주민들이 말을 잘 안 들어요.

그런데 새마을지도자협의회가 나서면 달라요. 그들이 지역 주민들이니까요. 새마을지도자들이 와서 "사장님이 여기다가 물건을 내놓으셨는데, 이 땅이 시청 땅입니까? 사장님 개인 땅입니까?"라고 하면 아무 불평 없이 물건을 가게 안으로 갖다 치워 놓거든요. 인식을 전환하는 거죠. 공동의 시유지 아닙니까? 억지로 치우는 게 아니고 자발적으로 하는 거죠. 그게 도시새마을운동의 재미라고 생각해요.

그런데 그런 시장들은 기존의 번영회가 있잖아요. 그것이 새마을운동과 어떤 연관성을 가지는 건가요?

일단 번영회에서 하는 거죠. '간판이 중구난방이니까 규격화된 간판으로 해보자. 그게 보기도 좋고 깨끗하다.'라고 하면서 자기들도 하는 거죠. 번영회 회의에서 결의를 해서 크기나 색깔 같은 것을 결정하죠. 공무원들이 하는 것보다 훨씬 더 빠르고 잘 돼요. 자기네들 의사에 의해서 하니까요. 그런데 그런 시장에는 새마을금고가 있어요. 번영회를 중심으로 발전하는 거죠. 자기들 푼돈 저축도 하고, 잔돈도 융자하고, 금리도 낮고요. 상호금융으로 발전하는 거죠.

새마을운동은 열정적이어야 한다

하지만 그런 것들은 시장의 번영회랑 조합들이 필요하니까 자발적으로 하는 거라고 볼 수 있지 않을까요? 새마을운동과 상관없이 말이지요.

그렇다고 볼 수 있죠. 하지만 이전에도 조합 같은 것들이 있기는 있었어요. 그런데 그동안 안 했었던 겁니다. 외국의 개발도상국에 가보면 조직은 다 있어요. 예를 들어서 협동조합 같은 건 다 있어요. 그런데 기능을 발휘하지 않고 있는 거죠. 우리나라도 그랬습니다. 1950~1960년대에도 협동조합이라는 건 있었어요.

새마을금고 이용 모습(1976년)

다만 기능을 발휘하지 않으니까 문제였던 겁니다. 조직이 있어도 일을 안 하는 거예요.

그런데 어디서 성과를 거뒀다는 소리를 듣는 겁니다. 편리하다는 말을 듣는 거예요. 일일이 은행에 쫓아다닐 거 없이, 시장에서 마을금고를 만들면 거기 직원들이 다니면서 적금통장도 만들고, 현장에서 통장에 기록해서 주니까 편리한 거죠. 그리고 이제 돈이 필요하면 은행에서는 가서 차용증서도 쓰고, 뭐 보증을 세우고, 이렇게 해야 하는데 마을금고는 차용증서만 딱 쓰면 바로 나오는 거죠. 같은 시장 내에 있는 사람이니까 영업 상태나 신용도를 잘 아니까요.

적은 돈도 복잡한 절차 없이 쉽게 나와요. 5만 원, 10만 원, 그때그때 필요한 돈을 갖다 쓰고, 또 갚는 거죠. 그것도 한꺼번에 다 안 갚고, 이번에 3만 원 갚고, 다음에 5만 원 갚고, 편리하고 실질적으로 도움이 되는 겁니다. 즉 새마을운동은 편리하거나 이익이 되어야 해요. 재미도 있어야 하고요. 본원적인 사람의 심리와 욕구를 해결해 주는 것이 새마을운동이라고 봐요. 농촌이나 도시나 마찬가지예요. 새마을운동의 근본 속성은 같아요.

마지막으로 하나 더 질문을 드릴게요. 새마을운동 교육을 담당하셨던 입장에서 보면 새마을운동에서 중요한 점은 뭐라고 생각하시나요?

분명한 거는 질량 불변의 원칙이라고 생각해요. 교육하는 사람의 열정에 따라서 반응과 감응이 달라요. 우리같은 교육 요원들의 열정과 몸공(몸으로 정성을 들이는 것)이 중요해요. 이 일은 보통 체질로는 2년 이상 근무를 못해요. 워낙 심한 몸공이기 때문에요. 아까 말했지만 1달에 3~4번만 집에 가는 정도로 밤낮없이 하니까요. 우리가 흔히 말하는 스트레스가 이루 말할 수 없죠. 항상 본보기를 보여야하니까요. 상당히 정신적으로 힘들었습니다.

하지만 우리가 정성을 쏟는 만큼 오시는 분들이 감동받는 겁니다. 그래서 열의 전도는 발열체의 열량에 정비례한다고 말씀드릴 수 있어요. 우리가 80~90도로 펄펄 끓고 있어야만 오시는 분들이 50~60도로 온도가 올라가는 거죠. 요원들이 30~40도의 열정만 있어 봐요. 냉랭한 상태에서 오시는 분들이 70~80도로 열정이 끓어오를 것 같나요? 그런 교육효과를 기대할 수는 없어요. 난센스입니다. 그거는 불가능합니다.

어느 만큼 정성을 쏟았느냐가 중요해요. 한국의 새마을운동이 성공한 요인도 그거라고 봐요. 우리 새마을지도자들이 땡전 한 푼 보수도 받지도 않고 국가와 지역발전을 위해 정성을 바쳤습니다. 그러니까 그만큼 효과가 난 거지요. 예전에 재건국민운동이 있었어요. 그건 실패했어요. 그때는 전부 유급 지도자들이었어요. 반면에 새마을지도자는 전부 무급에 자원봉사를 했어요. 밤낮없이 자기네 몸과 마음을 바친 거죠. 그러니까 그만큼 주민들도 따라왔던 거예요.

어느 나라나 마찬가지예요. 지금도 세계 각국에서 우리나라의 새마을운동을 본받으려고 하죠. 하지만 성과는 별로 못 내고 있어요. 왜냐하면 과일만 바라보고 있기 때문이에요. 나무를 심구고 가꾸고 정성을 쏟고 기다려야 하거든요. 그거를 안 하는 거예요. 기다리지 못하는 거죠. 새마을운동이 싹을 못 터요. 정성을 심는 거지요. 방법이 따로 있는 게 아니거든요. 방법은 바로 주민들이 필요로 하는 걸 주민들의 의사에 따라서 진행하는 거죠. 그러면서 정성 들였는지, 안 들였는지, 그것이 가장 큰 차이라고 생각해요.

네 좋은 말씀 감사합니다. 인터뷰는 이것으로 마치겠습니다.

윤수자

“도시새마을운동의 핵심적인 주체는 부녀회죠”

1941년 충청남도 대전 출생
1964년 충남대학교 졸업
1974년 역촌동 새마을지도자
1976년 역촌동 새마을부녀회 회장
1979년 마을금고 이사장 대행
1984년 은평구 새마을부녀회장
1990년 은평구 여성단체협의회장
1993년 고향을 생각하는 주부들의 모임 중앙회장

면 담 자 오유석(성공회대학교 민주주의연구소)
면담주제 서울시민과 도시새마을운동
면담날짜 2023년 7월 24일(1차) · 2023년 8월 7일(1차)
면담장소 은평구 역촌동 자택(1차 · 2차)

역촌동 새마을지도자가 되어 도로를 포장하다

이번 면담은 '서울의 도시새마을운동'이라는 주제로 실시하는 서울역사편찬원의 구술채록사업입니다. 오늘은 윤수자 선생님을 모셨습니다. 먼저 도시새마을운동 당시에 대해 설명을 부탁드리겠습니다.

윤수자입니다. 제가 여기 역촌동으로 온 게 1971년이었어요. 남향 반듯한 이 집이 참 좋더라구요. 그때 저희 막내 백일을 여기 와서 했습니다. 아들이랑 딸이랑 막내까지 3남매였어요. 그런데 당시 정부 시책이 "아들, 딸 구별 말고 셋만 나서 잘 키우자."라고 했던 시대였어요. 이상하게도 거기에 잘 맞아떨어진 것 같더라고요. 그렇게 해서 여기서 3남매를 키웠지요.

제가 새마을지도자가 된 건 1974년이었어요. 부녀회에서 저기 내무부 장관인가 누가 저를 새마을지도자라고 임명했어요. 그때는 임명을 뭔지도 모르고 받았어요. 그러더니 동네에서 새마을부녀회라는 걸 조직하는데 제가 부녀회장을 해야 한다고 해요. 그래서 제가 부녀회장이 됐습니다. 근데 제가 일을 하면 참 성질이 못돼서 그런지 일을 하면 끝까지 해요. 안 한다고 하면 싹 포기하고 말지요. 보니까 우선 부녀회 회원을 확보해야 하겠더라고요. 동네 다니면서 부녀회에 가입하라고 별짓을 다 했어요. 1년 정도 그렇게 하니까 회원이 한 300명 되더라고요.

역촌동 새마을부녀회 회원들(구술자 제공)

300명 정도면 꽤 규모가 크겠네요. 구청에 어느 정도 목소리도 낼 수 있을 것 같고요.

맞아요. 그러니까 그 힘이 대단하더라고요, 여자들이 '와샤와샤'하니까 이제는 뭐라도 하면 되겠다는 생각이 들더라고요. 마침 구청에서 새마을사업으로 도로포장을 해줄 수 있다는 거예요. 급선무로 해야겠더라고요. 제가 첫 번째로 신청했어요. 총공사비가 1,400만원이 들었죠. 여기서 한 1,800m 정도 길이었어요. 정부에서 80%를 주고 주민들이 20%를 부담하면 된다고 했죠. 그러면 우리는 280만원을 모으면 되는 거였죠.

선생님이 당시에 새마을부녀회를 했다고 말씀하셨잖아요. 그러면 당시 새마을지도자를 할 때 맡았던 지역이 역촌동의 어디서부터 어디까지였나요?

역촌동이 예전에는 1동이랑 2동으로 나뉘어 있었죠. 지금은 합쳐졌고요. 아마 역촌1동이랑 2동을 다 했던 것 같아요. 그리고 역촌동은 신사동에서 갈라져 나온 거고요. 제가 포장 공사를 할 때 역촌동하고 신사동 경계선 쪽은 협조가 잘 안돼서 힘들었어요.

신사동은 역촌동이 아니니까 도로포장하고 관계없잖아요.

신사동 바로 앞 경계까지는 포장해야 했거든요. 그래서 신사동에 있던 맨 앞집은 분담금을 냈어요. 길가 있는 사람들은 양쪽이 다 냈어요. 그렇게 해서 모두 150집 정도가 냈지요.

그러면 받아온 현금은 어디에 넣으셨어요?

은행에다가 넣었어요. 중소기업은행이었을 거예요. 은행도 몇 번 바뀌었어요.

도시새마을운동을 하겠다고 했을 당시 구청에서는 뭐라고 했나요?

그때 여기는 아직 은평구가 아니라 은평사업소였어요.[1] 그래서 만나도 구청장님이 아니라 소장님을 만났지요. 도로에 아스팔트를

---

1 은평구는 조선시대 한성부 성저십리 지역이었다. 1914년 고양군 은평면이 되었다. 광복 후인 1949년 은평면이 서대문구에 편입되었고 해당 지역은 은평출장소가 관할하였다. 1979년 서대문구에서 분구되어 은평구가 신설되었다.

은평출장소(1975년)

깔았을 당시가 김치운 소장님이었을 거예요. 어쨌든 처음에는 나라에서 지원이 없었어요. 그러다가 제가 새마을지도자가 된 무렵부터 정부지원금이 나오기 시작한 거죠. 우리는 20%만 부담하면 되기 시작한 거예요. 그러니까 제가 시작을 한 거죠.

지원을 받을 수 있다면 할 수 있다고 생각하신 거네요.

맞아요. 그리고 그렇게 길을 포장하면 애들이 진흙 쑤시고 들어오지도 않잖아요. 그러면 우리도 옷 안 빨아도 되고요. 그러니까 거기에 희망을 건 거죠. 동네 여자들이 다 비슷한 생각이었고요. 같은 처지였으니까요. 동네 여자들도 "아, 이거 하자."라고 하면서 달려든 거죠.

280만 원이면 1970년대였으니까 적은 돈은 아니었을 것 같네요.

그렇죠. 그때는 굉장히 큰돈이었어요. 제가 이 집을 100만 원 주고 샀거든요. 일단 구청에 가서는 제가 책임지고 걷겠다고 큰 소리 치긴 했어요. 그런데 보니까 이거 큰일 났더라고요. 그래서 그때부터 부녀회 반원들 조직을 짜기 시작했어요. 10명씩 골목마다 짜서 돌아다니게 했죠. "정부에서 80% 대준다고 한다. 이때 우리가 공사 안 하면 이거 못한다. 도로포장을 해야 하지 않겠느냐?"라고 하면서 다니게 한 거예요. 그렇게 하니까 호응들이 좋았죠. 너도나도 다 합심했습니다. 처음에는 그렇게 280만 원을 쉽게 걷을 수 있었어요.

공사가 쉽게 진행되었나요?

물론 아니었어요. 처음에는 그해 7~8월이면 다 될 줄 알았어요. 3~4월부터 공사를 시작했거든요. 그런데 보니까 진행이 안 되는 거예요. 구청에 가보니까 이렇게 공사가 큰 데는 한꺼번에 예산을 줄 수 없다는 거예요. 작은 데는 줄 수 있지만 말이에요. 제가 기가 차는 거예요. 주변에서도 혹시 기다리는 동안에 돈 묵혀놓고 이자 받아서 챙기는 거 아니냐는 소리도 들을 정도였어요.

공사가 잘 진행되어야 하는데 쉽지 않았네요.

그렇게 있다가 어느 날 구청에서 연락이 왔어요. 추경 예산이

1970년대 초반 도로 공사가 진행 중인 은평 지역 모습

통과돼서 공사를 할 수 있게 됐는데, 대신 주민부담금이 올랐다는 거예요. 이전 상반기에는 20%만 걷으면 되지만 하반기에는 주민들이 30%를 걷어와야 추경 예산하고 맞춰서 줄 수 있다는 거예요. 20% 부담이었을 때 280만 원이었으니까 30% 부담이면 140만 원을 추가로 더 걷어야 한다는 거죠. 구청에서도 그래야 올겨울이 다 가기 전에 공사를 해줄 수 있다는 거예요.

진짜 큰일 난 거죠. 잘못하면 사기꾼 소리를 들을 수 있어요. 심지어 동장님도 "윤 회장, 우리 이 공사 그만합시다. 나보고 지금 저 하늘에 있는 별을 따오라면 내가 흉내는 내주겠지만 이 공사는 도저히 안 될 것 같아요. 140만 원 무슨 재주로 더 걷습니까?"라고 하더라고요. 걷은 돈은 그냥 도로 나눠주면 된다고 하면서 말이죠. 일단 떼어먹은 건 아니니까요. 덕분에 도망다니기도 했어요.

그래서 어떻게 하셨나요?

그 말도 맞는 말이지요. 어떻게 140만 원을 마련하겠어요. 그래서 그때부터 진짜 조를 막 짰어요. 우리 엄마들이요. 막 난리를 냈거든요. "지금까지 우리 고생한 건 뭐냐? 우리가 사기꾼 도둑놈 소리 다 들어가며 고생했는데 말이 되느냐"라고 하면서 오기가 생긴 거죠. 우선 크고 재력 있는 집부터 먼저 가보자고 했죠. 근데 돈이 있는 사람이 더 무섭더라고요. 진짜 고생을 엄청나게 했어요. 한 20명 되는 여자들이 떼거지가 다니면서 별 깡패 같은 짓도 다 하고 그랬어요.

심지어는 밤에 자는 사람 집에 찾아가서 이부자리를 확 걷어

은평 지역 새마을운동사업을 시찰 중인 양택식 시장(1974년)

차고 잠이 오냐고 다그치기도 했어요. 돈 안 내고 잠이 오느냐고 말이지요. 그 사람들도 기가 차지요. 여자를 때릴 수도 없으니까 말이에요. 그렇게 해서 140만 원을 마저 걷었어요. 공사를 할 수 있었지요. 덕분에 서울시에서 제일 먼저 아스팔트가 들어온 동네가 이 동네입니다. 그때 겨울 공사를 해서 시멘트 대신에 아스팔트로 공사를 했거든요. 싹 여기 길을 밀었죠.

공사를 하니까 다들 좋아하겠네요.

다 밀고 나니까 동네가 환해졌죠. 결국 거기에 있는 모여있는 한 20명 우리 회원들이 절대로 밀어붙이자고 해서 한 거였어요. 그래서 그 동장님도 절 보면 무섭다고 그래요. 너무 지독하다고 말이에요.

대단하다고 하신 거네요.

그렇죠. 그런데 저 아랫동네가 판검사 부인들이 사는 동네에요. 거기도 200m 정도 되는데 거기는 자기들이 못한다고 했어요. 정부에서도 안 해주는 공사를 무슨 재주로 할 거냐고 하면서요. 그렇게 반대하는 바람에 그 동네는 빼고 이쪽만 설계를 해서 아스팔트를 쫙 깔았죠. 그러니까 그 동네 여자들이 난리가 난 거예요. 남편들이 뭐라고 한 거죠. 똑똑하게 같이 협조해서 다 하지, 뭐 잘났다고 우리 동네만 빠졌냐고 말이에요. 우리 동네가 정리되니까 포장 안 한 동네는 더 더러워 보이는 거예요. 더 질퍽해 보이고요. 그래서 2차, 3차 공사를 몇 번을 더 했습니다. 그때는 자기들이 걷어서 주더라고요. 처음 할 때는 애를 먹었지만 다음부터는 조금 수월하게 했어요.

깨끗한 마을, 살기 좋은 마을 만들기

큰일을 하셨네요.

그리고 복개 공사도 했어요. 우리 쪽이랑 위에 시립병원[2] 쪽까지 했어요. 2차에 걸쳐서 했지요. 복개할 때도 많이 싸웠어요. 바로 앞 동네에 엄청 부잣집이 있었거든요. 집도 넓고 마당이 넓으니까 분담금을 더 내야 했거든요. 자기 집 큰 순서대로 냈거든요. 근데 그 집은 못 내겠다고 해서 많이 싸웠어요. 그런데 공사를 다 하고 나니까 나중에 저한테 잘못했다고 오더라고요. 미안하다고요. 해보니까 동네가 깨끗해서 좋다고 말하면서 말이지요. 그렇게 이 동네에 몇 건을 그렇게 공사를 하니까 수도가 특선으로 들어와서 다 정리가 되더라고요. 사람 살기 좋은 동네가 됐죠.

그러니까 막 집들이 늘어나기 시작하는 거예요. 꽉 차는 거예요. 원래 이 동네는 집도 없었어요. 그러다가 살기 좋아지니까 모이는 거죠. 그다음엔 동네 사람들이 저한테 그래요. 저기 길에다가 시멘트 비석을 하나 세워준대요. 사람들이 저보고 '노가다 십장'이라고도 해요.

---

2 서울특별시 서북병원이다. 서울시 은평구 갈현로(역촌동)에 위치해 있다. 서울시가 직접 운영하는 공공의료기관으로 수도권 유일의 폐결핵 전문 치료기관이기도 하다. 1960년 시립중부병원의 분원으로 개원하여 1964년 시립서대문병원으로 개칭하고, 1973년 시립마포병원을 통합하였다. 2005년 서울특별시립 서북병원으로 개칭 후 2009년 서울특별시 서북병원으로 변경하였다. 2015년 기준 12개 진료과와 510개 병상을 운영하며, 국제검역전염병의 격리병원 역할도 수행하고 있다.

1977년 새마을운동대회에 참석한 구술자(구술자 제공)

공사를 그렇게 억척스럽게 해내고 나니까요. 제가 돌아다니면 "노가다 십장 저기 온다."라고도 했어요. 그 뒤로는 지역이 안정이 된 거죠.

그때 남편께서는 뭐라고 하셨나요?

당시 우리 양반이 농수산부에서 근무할 때였어요. 농촌새마을지도자들을 많이 키우는 일을 맡고 있었거든요. 제가 도시새마을운동을 한다고 하니까 많이 응원해 줬어요. 방금 말했던 도로포장 추가금 때문에 동네에서 욕도 많이 먹고 힘들었을 때도 "힘든 일이지만 좀 더 좀 노력하면 얼마든지 할 수 있다. 애들하고 내가 뒤에서 밀어줄 테니까."라고 했어요. 그때는 참 울기도 많이 울었습니다.

역촌2동사무소 개소식(구술자 제공)

이 지역의 도시새마을운동은 주로 여자들이 했다고 할 수 있을 것 같습니다.

주로 여자들이 했다고 생각해요. 당시 이 동네는 이웃집 담장이 높아서 누가 사는지 모를 때였거든요. 특히 남자들은 옆집에 누가 사는지 더군다나 더 모르잖아요. 그럴 때 동네 여자들이 끼리끼리 모이니까 힘이 생기더라고요. 그래서 웬만한 남자분들은 여자들 앞에서 꼼짝도 못 했어요. 저희들이 막 깡패 노릇을 했던 거지요. 별짓 다 했죠.

1976년에 도시새마을운동 시범마을로 지정이 되었다고 하더라고요.

맞아요. 그때 역촌동이 시범동으로 발탁되었어요. 서울시 전체에서 시범동으로 처음 지정된 거였어요. 시상금도 400만 원을 받았어요. 새마을운동을 열심히 잘했다고 말이에요.

400만 원은 어떻게 했나요?

그때 역촌동사무소를 지어야 했어요. 그때가 이제 막 신사동에서 역촌동이 갈라져 나올 때였거든요. 동사무소를 지어야 했죠. 임시로 있었는데 동사무소를 건축한다고 해서 400만 원을 썼어요. 저희가 받은 시상금은 그렇게 썼지요.

또 제가 욕심이 많아서 꽃꽂이반, 서예반, 합창반 같은 것도 만들었어요. 봉사부도 만들어서 천사원 같은 데 이불 빨아주러 1년에 한 10번씩 갔고요. 이발 봉사도 한 10번씩은 갔어요. 회원들이 놀 새가 없었어요. 여기저기 봉사 활동을 많이 했지요. 또 불광천 옆에 띵을 일궈서 깻잎이랑 옥수수를 심어서 그거 팔았어요. 수익은 노인정에 전부 기여금으로 도와주고요.

당시 이 동네도 못사는 사람들이 많았거든요. 그래서 그 양반들 김장도 해주고, 기금 만들려고 엿이나 복조리도 만들어서 팔았지요. 경로잔치도 다들 밤새가면서 20~30명씩 모여서 준비했죠. 장 보면 트럭에 짐 실어서 하는 거예요. 웬 노인들이 그렇게 많은지, 몇백 명이 모이더라고요. 수없이 했어요. 그런데도 부녀회원들이 용케도 제 말을 잘 따라 주더라고요.

역촌동 지역에 수해가 났을 당시 활동도 활발했다고 하더라고요.

연도는 잘 기억이 안 나요. 1981년이었던가요? 1984년이었던가요? 비가 많이 왔어요. 우리 새마을부녀회원들이 도와야 할 일이 생겼죠. 진관동에 산사태가 나서 집들이 막 무너졌거든요. 그래서 동네 새마을부녀회원들이 한 열댓 명이 가서 하루 종일 빨래도 해주고, 밥도 해주고, 청소도 해주고 그랬죠. 그런데 정작 일 끝내고 집에 오니까 저희 집 지하실이 침수되었더라고요. 연탄이 다 젖어서 마당에 쌓여 있었고요. 애들 얼굴이랑 옷이 다 새까매져 있었죠. 근데 저는 모르고 남의 일만 하고 들어오니까 우리 애들 셋이서 지하실에 있던 연탄 500장을 다 들고 날랐던 거죠.

새마을부녀회의 수익 사업들

새마을부녀회에서 수익 사업도 했다고 알고 있습니다.

예, 그랬어요. 구판장購販場 사업을 많이 했어요. 부녀회원들끼리 하는 거는 1년에 몇 번씩 해요. 그리고 분기나 명절 때는 자선 다방 같은 걸 했고요. 물건도 팔고요. 아까 말했던 엿이랑 복조리 장사를 거기서 했어요. 제천에서 고추나 마늘을 사다가 공동구매도 하고요. 저희 집에 창고가 하나 있거든요. 물건들 오면 거기에 쌓아두기도 했어요.

어떤 방식으로 물건을 가져 오셨어요.

용산시장[3] 같은 데에서 사 가지고 오는 거죠. 제가 가거나 총무랑 같이 가거나요. 그렇게 사 오면 회원들이랑 같이 나눠 먹거나 팔거나 그랬어요.

---

3 서울시 용산구 한강로2·3가에 있던 용산청과도매시장을 말한다. 이후 1983년 서울시는 용산청과도매시장을 폐쇄하고 가락동농수산물 유통 센터로 옮기기로 했다. 이는 서울시가 권역별로 대형 농수산물도매시장 건설을 추진했기 때문이었다. 가장 먼저 동남권의 가락농수산물도매시장 건설공사를 1982년 착수하여 1985년 완공·개장하였다. 그리고 가락동농수산물도매시장을 완공한 후, 서울시는 협의를 거쳐 용산의 청과부 시장 상인들을 가락동농수산물도매시장으로 이전·수용하였다. 또한 시비(市費)를 지원하여 민간업체로 하여금 용산시장 자리에 전자상가를 세우게 하고, 세운상가를 비롯한 도심의 전자·공구 취급상점들을 이전시켰다. 이러한 서울시의 방침에 따라 나진산업(주)이 처음으로 용산전자상가(현 나진전자월드)를 건립하여 1987년 10월 문을 열었다.

역촌동 새마을금고 앞에 설치된 폐품집수집소(구술자 제공)

용산 같은 데는 도매시장이잖아요. 소매로 몇 개씩 팔지는 않을 거 같은데요.

맞아요. 우리들 몇 명 먹을 거니까 처음에는 팔더니 나중에는 안 팔더라고요. 큰 사람이랑 거래해야 하니까요. 그래서 아예 용달을 하나 샀어요. 많이 가져오려고요. 제가 이 동네 여자 중에서 운전을 제일 먼저 했을 거예요. 제가 면허증을 딴 게 1978년이었거든요. 용달 몰고 시장 가서 물건 떼어 온 것도 그때부터였을 거예요.

화물차를 갖고 오니까 시장에서도 도매로 물건을 줬겠네요.

네, 그렇게 차를 갖고 오니까 물건을 실어주더라고요. 그래도 아주 많은 건 아니었죠. 어쨌든 그거 갖다가 동네에 풀고 부녀회원들한테 연락하는 거죠. 그러면 사방에서 사람들이 와서 사가고 그랬어요. 남은 기금은 장부를 만들었고요. 총무가 정리를 하거든요. 그 장부는 나중에 새마을연수원에 갖다준 걸로 기억해요.

새마을부녀회는 어디서 모였나요?

동사무소에서 모였어요. 2층에요. 회의를 한다고 하면 내줬거든요.

역촌동에서는 마을금고 같은 건 없었나요?

있기는 있었어요. 대신 자산이 얼마 안 됐어요. 2,000만 원 정도밖에 없었어요. 남자들 새마을지도자들이 마을금고 이사장을 했는데 별로 활성화가 안 됐어요. 그래서 제가 폐휴지 같은 거 모아서 1억을 만들었어요. 우리 회원들이 같이 폐품을 모았지요. 역촌국민학교 폐휴지까지 모았어요. 학교 화장실 휴지까지 모았거든요. 물론 그 휴지는 저 말고는 모으는 사람이 없더라고요. 학교로 휴지 모으러 가자고 하면 안 오더라고요.

그것도 선생님이 용달차 몰고 가서 파셨나요?

아니에요. 그거는 동사무소의 리어카를 끌고 갔어요. 물론 폐휴지 말고 빈 병도 모으고요. 가게에서 나오는 쇳조각 같은 것도 모았어요. 길거리에 궐련곽도 모았거든요. 모을 건 다 모았어요. 그러면서 1통장 갖기 운동을 했지요. 각자 집에 전부 통장을 만들라고 한 거예요. 그건 또 녹색어머니회랑 같이 했어요. 그쪽 사람들이랑 같이 합쳐서 일을 했거든요. 녹색어머니회도 통장을 다들 만들었죠.

그러면 녹색어머니회는 선생님이 했던 새마을부녀회랑은 별개의 조직이었다는 거네요.

그렇죠. 녹색어머니회는 경찰서에서 주관했어요. 실은 제가 경찰서 임원도 했거든요. 그래서 녹색어머니회랑 같이 일하자고 했던 거예요. 그때는 여자가 통장 만들기가 힘들었거든요. 덕분에 마을금고가 확 늘었죠. 통장에는 자기들이 모아오는 폐휴지 값은 전부 거기에 넣어주는 거예요.

"폐휴지 모으자."라고 하면 사람들이 나왔나요?

화장실 가자고 한 거 빼고는 다 잘 나왔어요. 물어봐요, 어디 갈 거냐고요. 그래서 역촌국민학교 간다고 하면 안 오더라고요.

어머니들이 매일 모이셨어요?

매일은 못 모이죠. 정규 모임은 한 달에 한 번씩 하고요. 일이 있을 때마다 임시로 자주 모였죠. 새마을부녀회가 굉장히 활성화되어 있었어요. 한번 모이면 20~30명씩 모이거든요.

다들 그런 활동들을 1970년대에 굉장히 열심히 하셨네요.

네, 그렇죠.

이런 활동들이 언제부터 점점 줄어들었던 것 같으세요?

저 같은 경우에는 1980년대에도 굉장히 열심히 했어요. 전경환 씨가 있을 때까지도 말이에요. 1985년에는 훈장도 탔어요. 그런데 그 뒤로는 조금씩 약해진 것 같아요.

1980년대, 그러니까 전경환 씨가 회장이었을 때에도 새마을부녀회장이셨죠?

그렇죠. 그러면서 새마을지도자도 같이 겸했어요. 원래 그전에는 남성 새마을지도자가 있었거든요. 그거까지 제가 같이 한 거죠. 1970년대에는 남성 새마을지도자가 있었고요.

내가 받은 새마을교육과 성공사례 강연

1980년대로 넘어오면서는 주로 무슨 일을 하셨나요?

그때는 어려운 이웃을 도와주는 일을 했지요. 봉사활동 위주로 했어요. 아까 말했던 천사원에 간 것도 1980년대였어요. 그러다가 국가 시책이 시들해지면서 활동이 줄어들었던 거죠. 그때부터 저도 정리하기 시작했어요.

도시새마을운동 전진대회에 참가한 구술자(1978년, 구술자 제공)

선생님이 정리했다고 해도 새마을부녀회 활동을 열심히 했던 사람들이 많이 있었을 것 같은데요.

때가 바뀐 거지요. 그래서 저도 안 한다고 했어요. 지금은 다 깨지고 없어요. 옛날에는 새마을지도자라고 하면서 대접해 줬죠. 그런데 이게 시들해지니까 그냥 '너 새마을운동을 했구나'라는 식이 되어 버리더라고요. 하던 사람들도 자꾸 떠나가고요. 그리고 또 옛날처럼 새마을운동으로 꼭 해야 할 그런 일들이 없어지더라고요. 서예나 꽃꽂이 같은 자기 계발 쪽은 좀 돼요. 그런데 그것들 외에 다른 건 잘 안 되더라고요. 마을금고도 열심히 했지만 통폐합되었고요. 그러면 큰 은행으로 가는 거죠. 다 떨어져 나가는 거예요.

선생님이 생각하시기에 새마을운동이 활발하게 이뤄졌을 당시에 다들 어째서 그렇게 열심히 참여했다고 보시나요?

글쎄요. 저도 열심히 했지만, 그때는 모든 주위에서 새마을운동을 해야만 한다는 쪽으로 갔어요. 새마을운동을 하면 본인에게 소득이 왔지요. '뭔가 하면 된다.'라는 것도 있고요.

새마을지도자가 된 다음에 새마을지도자연수원도 많이 가셨겠네요.

수원에 있는 새마을연수원에도 많이 갔다 왔죠. 1주일씩 갔다 오기도 했어요. 지도자 교육도 받고요. 새마을 성공사례 발표도 많이 하고요. 새마을 성공사례자로 지목되었죠. 덕분에 내무부 장관 표창이나 대통령상도 받았어요. 1978년에 장충체육관에서 전국새마을지도자 전진대회를 했거든요. 그때 대통령도 오셨어요. 거기서 도시새마을운동의 성공 사례 발표를 했지요. 각 지역에 다니면서도 발표했죠. 기관이며, 업체며, 연수원이며, 안 간 데가 없었어요. 800회 이상은 한 거 같아요. 10여 년간은 성공사례를 발표했을 거예요. 덕분에 소문이 나니까 육영수 여사 추모사업회에서 전국모범여성상도 받았지요. 그것도 1978년이었어요.

당시 받았던 교육을 구체적으로 어떤 것들이었나요?

1977년 5월 달이었나요? 수원의 새마을연수원에 부녀지도자반이라고 있었어요, 그걸 6박 7일 동안 받았지요. 그다음에 1978년 9월에 내무부 주관으로 자유중국 해외 연수가 있었고요. 그건 10박

11일짜리였어요. 나중에 1983년에 새마을 중앙본부에서 재연수 교육도 받았던 걸로 기억해요.

세부적으로는 어떤 내용이었나요?

저는 생전 처음 받아본 교육이었죠. '아 이런 교육도 있구나.'라는 생각이 들면서 정신이 번쩍 들더라고요. '뭔가 하면 된다.'라고 하는 의지 같은 거라고 할까요? '이런 의지를 굳혀야 하겠구나.'라는 걸 배우는 거예요. '하면 된다.'라는 의지 하나는 정확하게 배우고 나오는 거지요.

그때도 다른 누군가가 성공사례를 발표했을 텐데요. 기억이 있으신가요?

그때는 다른 사람들이 농촌새마을운동의 성공사례를 많이 발표했지요. 제가 처음에는 마음이 건방져서 그런지, 그런 사례를 들을 때 '저렇게 안 배우고, 저렇게 없는 사람들이, 어떻게 새마을운동을 했을까?'라고 생각했지요. 저는 그래도 어렵지만 대학도 나오고 공무원 부인이니까 어떻게 보면 고생을 많이 안 했던 거잖아요. 그런데 다른 사례자들을 보면 '어려서부터 고생하고, 가난에 찌들고, 형편 때문에 학교도 제대로 못 다니고, 그런 얘기들을 많이들 하면서도 하지만 결국은 성공했다.'라고 말해요. 물론 그런 얘기를 들을 때 약간은 공감이 느껴졌어요.

새마을운동 중앙본부 연수원 교육에 참가한 서울지구 새마을부녀회 회장단(1983년, 구술자 제공)

같은 새마을운동이지만 농촌과 도시라는 환경적, 경제적 차이라고 할까요? 산업화 이후의 도시 여성과 농촌 여성이라는 차이점도 생각할 수 있을 거고요.

그럴 수도 있겠네요.

선생님도 성공사례 발표를 하셨는데요. 선생님은 주로 어떤 강연을 했나요?

아까 말씀드렸듯이 저도 한 10년은 강연하러 돌아다닌 것 같아요. 거의 뭐 아까 얘기했던 도로포장, 상수도, 이런 것들이었죠. 성공사례 발표가 20분 정도였거든요. 원고를 제가 썼거든요. 그렇게 사례 발표도 하고 사방에 다니면서 정신교육을 한 거죠.

서울특별시 새마을 웅변대회(구술자 제공)

교육받으러 온 사람들의 반응은 어땠나요?

저는 처음에는 뭔지도 모르고 그렇게 발표했는데요. 나중에 잘 한다고 하더라고요. 그래서 사방에서 계속 저를 더 불렀어요.

강연 후에 청중에서 질문은 주로 어떤 것들이 나왔나요?

질문이라기보다는 혼자 프리토킹을 한 시간이고 계속했어요. 그러면 이제 질문이 더러 나오는 거죠. "어려운 걸 어떻게 극복했느냐? 주민들 반대는 어떻게 극복했냐?" 그런 것들이에요. 그러면 제가 겪은 걸 그대로 설명하는 거죠.

역촌동의 새마을부녀회에서 같이 교육받은 분들은 없었나요?

제법 있었죠. 제가 교육을 가니까요. 자원해서 간 사람도 있었고, 따라간 사람도 있었고요. 우리 엄마들이 열심이었어요. 조금 빼놓으면 자기 안 끼웠다고 삐져요.

대만 같은 곳으로 외국 견학도 가셨다고 했는데요. 어떻게 가게 되신 거예요?

1978년이었어요. 그때 내무부가 하는 새마을운동 주관으로 대만에 갔었죠. 그때는 자유중국이라고도 했지요. 남자 여자 새마을지도자들이 많이 갔었어요. 버스를 2대로 해서 갔었죠.

그거는 어디서 연락받으셨어요? 내무부였나요? 아니면 구청을 통해서였나요?

내무부에서 받았던 걸로 기억해요. 그리고 갔다 오니까 구청 같은 데에서 글 좀 써내라고 그러더라고요. 신문에서도 써달라고 해서 쓰기도 하고요. 하여간 내무부에서 저한테 굉장히 신경을 많이 썼거든요. 제가 그때 새마을 전국 발표자였기도 하니까요.

1983년에 새마을중앙본부에서도 재연수를 받으셨다고 알고 있습니다. 그때는 어떤 교육이었나요?

부녀 지도자들이 같이 교육을 받았지요. 합숙하면서 교육받은 거 같아요. 그리고 그때는 수원이나 분당이 아니라 화곡에서 받았던

걸로 기억해요. 거기에서 연수원이 하나 있었거든요.[4]

이전이랑 좀 달라진 점이 있었나요?

옛날에는 '가난을 극복하고 어려운 일을 했다.'라고 했다면, 이제부터는 정신적인 걸로 바뀌었던 거 같아요. '이웃도 돕고, 협동도 하자.'라고 하는 거죠. 뭐 이런 걸 했던 거 같아요.

교육을 받고 와서 뭐 좀 다른 사업을 벌이신 게 있었나요?

그런 건 없었어요. 저야 이 동네일만 했던 사람이니까요. 대신 내무부에서 궐기대회 같은 거 하면 새마을부녀회 대표로 나와서 연설 같은 걸 했지요. 내무부에서 연락이 오거든요. KAL기 폭파나 소련만행 규탄 같은 대회를 연다고 하면서 말이에요. 낭독을 좀 하라고 말이죠. 그래서 제가 이거 하러 새벽에 막 뛰어다니고 그랬죠.

1980년대 봉사 활동과 새마을부녀회 운영

말씀을 들어보니까 새마을부녀회 활동, 즉 도시새마을운동을 하면서 다른 봉사 활

---

4 화곡동에 있던 새마을중앙본부연수원을 말한다. 수원에 있던 새마을연수원과는 별개로 운영되었다.

은평구 자연보호협의회 활동 모습(1983년, 구술자 제공)

동도 많이 하셨잖아요. 그렇다면 1980년대 이후의 여러 활동이나 하나의 활동을 할 때 해당 단체들이 중첩되어서 같이, 혹은 다양한 이름으로 활동을 했을 것 같아요. 새마을부녀회나 새마을운동이라는 이름을 고집하지 않더라도 말이지요.

그렇죠. 제가 새마을운동도 하면서 사회정화위원 동대표도 했거든요. 1981년에 은평구에서도 사회정화운동 조직을 만들었어요. 그때 우리 새마을부녀회원이랑 새마을지도자들이 주축이 되었어요. 한 40명 정도가 했던 것 같아요. 그리고 부녀회원들이 이제 자연보호운동도 많이 했죠. 다 짬뽕이 됐더라고요. 그래서 다 그 사람들이 주로 활동을 하는데, 골목 청소도 하고요. 그다음에 월 1회씩 모여서 큰 도로 앞도 청소하고, 불광천에 가서도 쓰레기 치우고요. 지금은 불광천이 복개돼서 깨끗해졌지만 옛날에는 그냥 흘렀거든요. 보통 20~30명 정도 모여요. 모이면 가서 청소하는 거죠.

또 식목 행사도 1년에 1번씩 하고요. 그건 구청이나 동사무소 직원들이랑 같이 해요. 새마을지도자랑 부녀회원들이 다 같이 하는 거죠. 북한산에 쓰레기 주우러도 자주 갔었고요. 떼를 지어서 모이는 거예요. 우리 역촌동은 새마을지도자들이 여자 말을 잘 들었어요. 그래서 지도자분들이 여자랑 남자가 합쳐지면 방역이나 소독 같은 거 이런 것도 열심히 하고 청소도 열심히 했죠.

그리고 그때는 국산품 애용 운동도 했잖아요. 그래서 우리도 어깨띠를 두르고 피켓을 만들어 들고 명동 상가나 사거리로 나가요. 한 30명이 쫙 서서 "국산품 애용합시다. 외제는 쓰면 안 됩니다."라면서 다니는 거예요. 그다음에 삼천리 자전거를 한 40명이 샀어요. 자전거 타고 북한산으로 몰려갑니다. 자전거로 쫙 길바닥을 다니는 거죠. 그때 참 신바람 날리게 다녔어요. 그렇게 가서 북한산에 가서 쓰레기도 많이 줍고, 빈 병 많이 줍고, 자연보호 캠페인 같은 거를 많이 하는 거죠.

새마을부녀회 조직은 대략 어떻게 구성되어 있었던 건가요?

회장이랑 부회장이 있고요. 부회장이 처음엔 1명이었는데, 나

역촌동 새마을부녀회 정기총회(1985년, 구술자 제공)

중에는 2명이 됐어요. 그리고 총무가 있고요. 살림이 커지니까 부총무도 두었어요. 부총무가 운영 일지를 썼지요. 가계부랑 비슷해요. 금전출납부 같은 거예요. 그리고 봉사부장이나 오락부장 같은 것도 있었고요. 감사도 있었어요.

부회장이나 부장 같은 걸 맡으신 분들은 바뀌었나요?

계속하기도 하고, 몇 번 바뀌기도 하고요. 자기가 이사 가거나 집안일 때문에 못 하면 바뀌는 거고요.

활동비는 어떻게 충당했나요. 아까 말씀하셨던 구판장 같은 사업으로 모았나요?

네, 그렇죠. 네, 구판장이나 폐지도 모으고 했던 거지요.

서울시에서 지원금 같은 건 안 나왔나요?

제가 그만둘 때 즈음해서 서울시에서 기금이 나왔어요. 새마을 부녀회 운영 기금이요. 그런데 제가 했을 때는 한 푼도 안 나왔어요. 1990년대부터 농협이랑 같이 일을 많이 하면서 시에서 1년에 300만 원씩 나왔다고 하더라고요. 그래서 저는 오히려 '그만두기 잘했다. 저 기금 받았으면 저거 감사를 얼마나 많이 받을 텐데'라고 생각했던 게 기억나네요.

어쨌든 덕분에 저희는 별 장사를 다 했지요. 복조리, 엿, 다 팔았다고 했죠. 바자회, 자선 다방 같은 것도 많이 하고요. 경로잔치 할 때도 기부받은 것 말고 부녀회 자체 기금이 있으니까 우리가 시장에 가서 장을 봐 왔죠. 그리고 음식 같은 거 만들려면 장소가 필요하니까 우리 집을 많이 제공했어요. 그래서 우리 집은 만날 대문이 열려 있었어요. 덕분에 한 달이면 쌀이 한 가마씩 나가고 했어요. 우리 애들 조그마할 때였는데 말이지요. 청소원들도 뭐 오다가다 들어오면 다 그냥 밥 먹이고 보내고 그랬거든요. 그리고 무슨 일이 있는데 예산이 없다고 하면 부녀회원들이 자진해서 성금도 많이 내줬어요.

이외에 바자회나 자선 다방도 열었지요. 특히 자선 다방 같은 경우에는 평상시에 이 동네 유지라고 콧대 높은 양반들은 평상시에는 잘 안 보이거든요. 그러니까 다방 같은 걸 하면서 다 불러내는 거지요. 그러면 체면 때문에 많이들 내더라고요. 자선 다방을 하면서 기금을 좀 모았죠.

남편분들은 뭐라고 하나요?

부녀회를 이렇게 열심히 하다 보니까 남편들이 다 도와줘요. 그래서 저도 여자들한테 나가서 못된 짓 하지 말고 건전하게 다니라고 했어요. 특히 저는 여자들한테 밥시간에는 꼭 집에 들어가라고 그랬어요. 제가 철칙이 그랬습니다. 저는 가정을 지키는 걸 첫째 조건으로 했어요. 그다음에 밖에 나와서 새마을을 하라고 말이죠. 윗분들한테도 "내가 총대를 메지만 다른 가정은 손대면 안 된다고 했어요."라고 했어요. 자기 가정도 못 지키고 무슨 새마을을 하겠어요?

집은 엉망인데 밖에는 나와서 새마을운동을 한다고 다닐 수는 없거든요. 저는 그게 용납이 안 됐던 거예요. 그리고 구청에서 새벽에 운동이나 동원 같은 거 하면 여자들은 안 불렀어요. 집에서 남편 출근할 때까지는 지키라고 했어요. "가정을 먼저 지켜야지 새마을이고 헌 마을이고 하지."라고 했죠. 덕분인지 새마을지도자 자녀들은 재수를 거의 안 했어요. 저희 집 애 셋도 그렇고요. 웬만한 대학교는 다 들어갔거든요.

자선 다방 말씀하셨을 때 이 지역에서 좀 잘사는 분들에 대해서 언급하셨는데요. 그런 쪽의 부인 분들은 새마을운동에 참여를 많이 했나요?

그쪽 부인들도 저하고 새마을운동을 같이 했어요. 처음에 가서 보니까 그 양반들이 모여서 '도리짓고땡'하고 화투만 하더라고요. 그룹으로 모여서 말이에요. 변호사 마누라, 판사 마누라 등등, 여기 역촌동에 많았거든요. 그래서 제가 백일 된 우리 막내 업고 돌아다니면서 판에 끼어들었어요. 새마을운동에 동참시키려고요.

혹시 선생님도 같이 치셨나요?

저도 같이 '동화'를 쳤죠. 그렇게 하다가 나중에 확 엎으면서 "이런 거 하지 말고 우리 같이 새마을운동을 하자."라고 했죠. 그래서 참 많이 나왔었어요. 같이 활동도 하고, 기금도 같이 마련하고요. 덕분에 역촌동 새마을부녀회에 인텔리 부인들이 많았어요. 그런데 제가 회장을 한다고 깝죽거린 거죠.

그러면 그 사람들도 새마을부녀회에 같이 참여 한 거죠?

예, 같이 했죠. 기금도 같이 마련하고요. 그리고 그분들을 모아서 고문단을 만들었어요. 새마을부녀회를 도와주는 고문단이죠. 한 열댓 명 됐었을 거예요. 국회의원 마누라, 뭐 사장 부인, 이런 사람들을요. 경로잔치 같은 거 하려면 많이 들잖아요. 그러면 가서 "이렇게 경로잔치 해야 됩니다."라고 제가 우리 부녀회 간부들

1983년 제3회 서울특별시 새마을일꾼 행진대회(구술자 제공)

한 대여섯 명 데리고 가서 인사하러 가는 거예요. 거기서 현금 주면 받아 갖고 와서도 하고 보태고 그랬어요. 그때가 1980년대였네요.

은평구 여성정화추진위원 특별강연회(1982년, 구술자 제공)

1980년대에는 구청의 새마을과도 부서 이름이 다 바뀌잖아요. 그럼 선생님이 구청에 찾아가면 구청의 공무원들, 그러니까 구청장을 비롯해서 국장이나 과장들이 어떤 방식으로 대화하고, 또 어떻게 도와줬나요?

제가 "필요한 게 있다."라고 하면 행정력이나 장소 같은 건 도와줘요. 대신 돈을 지원해 주는 건 별로 없었어요. 합창단원들 대회 끝나고 나오면 밥 한 끼 사주는 정도였어요. 국장이나 이런 분들이 나와서요. 밥은 몇 끼 얻어 먹었어요.

생각해 보면 자연보호운동이나 이런 저런 활동들은 사실 노동이잖아요. 혹시 부녀회에서 다른 어머니들이 '우리가 하는 게 아니라 구청에서 사람을 써서 해서 할 일이 아닌가?'라는 말은 없었나요?

일단 그때는 구청에서 사람 쓰는 거는 하나도 안 했어요. 맨날 우리 같은 민간인들만 시켰지요. 그러니까 말씀하신 것처럼 이게 길게 안 가더라고요. 나중에는 그만하게 돼요. 사람들이 약아지니까요. 처음에는 잘 나오지만 나중에는 슬슬 "윤 회장, 이제 우리 그만하자. 그만하자."라는 소리가 많이 나오더라고요. 그래도 저는 끝까지 제가 평생토록 할 직업인 줄 알고 극성맞게 했던 거지요.

도시새마을운동의 주체와 변화

다른 분들의 이야기를 들어보면 새마을운동이 약해지면서 '새마을'이라는 용어 자체가 별로 쓰이지 않게 되었다고 합니다. 그런데 생각해보면 구호나 명칭은 사용하지 않았지만, 기존의 도시새마을운동에서 하던 활동은 넓은 의미에서는 계속되었다고도 볼 수 있지 않을까요? 실제 현장에서 지도자로 활동하셨던 선생님이 보시기에는 어떤가요? '새마을'이라고 하는 구호

는 없어졌지만 그런 내용의 운동이 실제로는 계속되고 있다고 말할 수 있을까요?

말씀하신대로 이제는 '새마을운동'이라는 용어도 일상생활에서는 잘 사용하지 않는 말이죠. 1990년대랑 2000년대로 거의 없어졌죠. 그래도 1990년대 초반까지는 새마을운동이라고 할 수 있을 거 같아요. 제가 보기에는 희석되는 과정이었다고 봐요. 어쨌든 지금은 '새마을'이라는 용어 자체를 안 쓰잖아요, 그리고 어디 가서 "내가 새마을지도자였다."라는 말도 거의 안 하고요. 그래도 용어는 안 쓰겠지만 내용은 계속되고 있다고 봐요. 부녀회 활동을 하던 사람들은 지금도 그 정신들이 남아 있을 테니까요. 꽃꽂이 장사하는 이들은 다 그 정신에 의해서 하고 있잖아요. 이웃돕기나 자기 계발, 이런 건 계속하니까요. 같은 맥락으로 흐르는 거죠. 겉모양만 바뀐 거지요.

역촌동 새마을운동의 주체는 누구라고 생각하세요?

핵심적인 주체는 부녀회죠. 부녀회원들을 기점으로 해서 주부들이 많이 했던 거지요. 우리 동네에서는 말이에요. 남편들은 뒤에서 도와주고요. 열심히 하는 집은 남편들이 잘 도와줘요. 그게 딱 보여요.

지금도 주민들이 새마을운동을 기억하나요?

옛날에는 하도 아는 사람이 많아서 옷이라도 잘못 입고 나가면 흉잡힐까 싶었어요. 그런데 요즘에는 아는 사람이 많이 없어졌어요. 그래도 어쩌다가 길에 지나가면 "아이고 여전하시네."라면서 인사를 하는 분들이 계세요. 더러 있어요. 그래서 친척들이 같이 있으면 "언니는 아직도 동네 사람들이 알아보네."라고 하더라고요.

네 좋은 말씀 감사합니다. 인터뷰는 이것으로 마치겠습니다.

정경옥

"우리가 찾아갔어요.
이발 봉사를 하는 거죠"

1941년 충청남도 태안 출생
1963년 이용사 면허증 취득
1972년 중구 사직공원 내 사랑의 이용원 개설
1978년 중구 남대문로 광일이용원 인수
1993년 성북구 성북2동 새마을지도자협의회장

면 담 자 오유석(성공회대학교 민주주의연구소)
면담주제 서울시민과 도시새마을운동
면담날짜 2023년 10월 27일
면담장소 충청남도 태안군 안면읍 구술자 자택

이발로 사회봉사를 하다

이번 면담은 '서울의 도시새마을운동'이라는 주제로 실시하는 서울역사편찬원의 구술채록사업입니다. 오늘은 정경옥 선생님을 모셨습니다. 먼저 도시새마을운동 당시에 대해 설명을 부탁드리겠습니다.

정경옥입니다. 제63기로 새마을지도자 교육을 받았지요. 수원에 있던 새마을연수원에서 2주간 교육을 받았습니다. 제가 이발소 봉사활동을 많이 했거든요. 양로원 같은 데도 많이 다녔습니다. 연수원에서 성공사례 발표를 했죠. 김준 원장님이 보시고는 저한테 성공사례 발표 강사를 하라고 하더라고요. 덕분에 강사가 돼서 성공사례 발표도 하게 되었습니다. 처음에는 대학교 교수반을 시켜주더라고요. 2시간 강의를 해야 해요.

고급반에서 강의를 하셨네요.

그런데 몇 번 해보니까 거기는 봉사활동만 얘기해서는 안 되더라고요. 그리고 거기 가니까 서울대 총장이셨던 윤일선[1] 박사님 같은 사람들이 앞에 계시더라고요. 하얀 양반이 앞에 앉아 있어요. 머뭇거려지더라고요. 몇 번 교수반을 다니다가 얼마 안 있어서 일반 새

1 윤일선(1896~1987)은 일본에서 태어나 교토제국대학 의학부를 졸업하고 동대학 조교수와 세브란스의전 교수를 지냈다. 광복 후에는 서울대학교 총장과 원자력연구소 소장을 지냈다. 2017년 대한민국과학기술유공자(생명과학 분야)로 지정되었다.

마을지도자반으로 갔었죠. 거기는 좀 편하더라고요. 일상생활에서 있었던 사례를 말하면 되니까요. "나는 이제껏 못 살았지만, 어떻게든 잘 살려고 노력했다."라는 얘기를 주로 많이 한 거죠.

강사를 얼마나 하셨나요?

2년 정도 했던 거 같아요. 그리고 연수원에서 강의를 하니까 박 대통령이 강사들한테 하사금을 줬어요. 덕분에 강사료도 받고 다녔죠. 몇만 원인가? 그 정도였던 거 같아요. 그렇게 다녔어요. 물론 매주는 아니고 자기 반에서 강의할 때 가는 거였어요. 2주에 한 번씩 갔었죠. 자기 담당 팀이 있거든요. 한번 가서 하면 2시간 정도 했어요. 그러면 다른 팀이 들어오면 또 가서 강의하는 거죠. 다른 사람들도 그렇게 하는 거고요.

이발소 봉사활동을 하셔서 새마을지도자가 되셨다고 알고 있습니다. 신문을 찾아보니까 '사랑의 이발사'라고도 하더라고요. 이번에는 그 부분에 대해서 말씀 부탁드릴게요.

저희 외삼촌이 서울 법원에서 이발사를 하고 있었어요. 저보고 서울로 올라오라고 했어요. 아마 1957년 무렵이었던 거 같아요. 서울에 올라온 게 말이죠. 거기서 일을 배우기 시작했지요. 그리고 법원 구내 이발관이라서 저녁에는 5시에 끝나니까 야간 학교를 다니게 됐어요. 협성고등공민학교라고 있었어요. 중학교 과정이었죠. 거기는 1년씩 올라가는 학교가 아니고, 6개월에 한 번씩 올라가는 학

이발 봉사(구술자 제공)

교예요. 그리고 당시 제가 나이가 조금 많았거든요. 국민학교 졸업하고 몇 년 지났으니까요. 거기도 나이 많은 사람 다니는 학교였었어요. 그때는 서울에 고학생苦學生들이 참 많았어요. 뭐 구두닦이도 있고, 신문팔이도 있고, 많았어요. 그러면서 거기 학교를 졸업하고, 이발 기술도 조금씩 배우게 됐어요. 그렇게 몇 년 지나니까 이제는 심부름꾼이 아니라 기술자로 좀 올라가게 됐죠.

그런데 가만히 생각하니까 '좌우간 어렸을 때 고생했으니까 나도 좀 무언가 사회에 기여할 수 있는 일을 해야겠다.'라고 생각을 했어요. 그래서 봉사활동을 하게 됐죠. 이제 이발소 다니는 사람들을 모았죠. 학생들이에요. 예전 저같이 일 배우면서 공부하는 애들이죠.

사직공원에서 결단식을 하고 모임을 만들었어요. '한국사회봉사회' 라고 이름을 붙였어요. 그렇게 시작을 했어요. 그러면서 봉사활동을 했던 겁니다. 처음에 직업소년들을 위주로 구성을 했지요. 고아원, 양로원 같은 데를 가는 거죠. 양로원에 가면 여자들은 어르신들 손톱도 깎아주고, 머리도 씻어주고, 남자들은 할아버지들 머리 손 봐주고, 그런 거를 했죠.

그렇게 시작하다 보니까 이발사들이 많이 호응을 해주더라고요. 여러 명이 됐어요. 그 뒤로부터는 매주 일요일 봉사활동을 갔습니다. 서울에 있는 고아원도 몇 군데를 고정적으로 다니게 됐어요. 그렇게 하다 보니까 체계가 잡히더라고요. 어쨌든 간에 좌우지간 잘 됐어요.

무료로 이발 봉사를 하셨군요.

그렇죠. 일단 생업이 있거든요. 그러면서 봉사활동을 하는 거죠. 봉사활동을 하려면 회원들이 호응을 잘해야 합니다. 그러니까 '우리는 돈 안 들이고 한다. 돈 안 들이고 하면서도 사회에 기여할 수 있는 그런 조그마한 일이라도 열심히 하자.'라고 했던 겁니다. 그렇게 하니까 인원이 꽤 많이 늘었어요. 서울에 있는 이발소에서 많이들 호응했어요.

그렇게 하다 보니까 젊은 사람 중에 누가 그러더라고요. 서울역 주변에 직업학교가 있다고요. 그러면서 저한테 "야간에 직업학교 반을 편성해서 공부시키자."라고 하더라고요. 이발소 다니는 사람들

봉사회 발대식(구술자 제공)

은 공부하고 싶어도 못 했잖아요. 그래서 거기에 저희 회원들을 상대로 하는 야간학교를 개설했지요. 그 학교를 다니도록 만들어줬어요. 야간학교에서 사람들이 공부를 많이 했더라고요. 중·고등학교를 다니는 거죠. 영어도 배우고요.

봉사회 발대식을 사직공원에서 한 이유는 있었나요?

사직공원이 당시에 종로경찰서 관할이었어요. 종로경찰서에 청소년과가 있었고요. 거기서 우리가 청소년 애들 머리를 다듬어 준 적이 있었거든요. 그게 인연이 되었지요. 그래서 사직공원에 가서 결단식을 했던 거예요.

함께 하셨던 분들은 어떻게 만난 사이예요?

각 업소에서 희망자들이 왔죠. 희망자들이 모여서 한 거였어요. 누가 오라고 뭐 강요한 건 없었어요.

각자가 자발적으로 모인 거네요.

네, 맞습니다. 그리고 야간학교도 이 사람들이 다녔지요. 서울역에 있던 야간학교도 그렇게 다녔지요. 그때는 이·미용사들이 공부를 하고 싶어도 못 했잖아요. 그러니까 1시간이라도 배우자고 했던 거죠.

당시 선생님은 계속 법원 이발소에서 근무하셨던 건가요?

그때는 이제 꽤 시간이 지났으니까요. 저도 이제 많이 컸고요. 기술이 좋으니까 손님들한테도 인기가 있었고요. 서울역 옆에 있던 광일이발관에서 근무했지요. 물론 그때는 주인은 아니고 종업원이었어요.

새마을운동은 잘 살기 운동이다

말씀하신 걸 들어보니까 선생님은 정부에서 새마을운동을 권장하기 이전부터 이런 봉사활동을 자발적으로 하셨던 거네요. 그리고 서울에도 그런 자발적인 봉사 움직임이 있었던 거고요.

그렇습니다.

신문 같은 자료들을 보면 당시 서울에서 새마을운동을 하면서 직종별로 도시 새마을운동촉진대회를 하더라고요. 선생님도 참여하셨나요?

저도 참여를 했지요. 제가 일했던 데가 중구였으니까요. 이·미용업 도시새마을운동촉진대회 같은 걸 했죠. 이·미용업 회장이랑 지부장이 있었어요. 저도 초청을 받았지요. 제가 그때 새마을운동 활동을 많이 했고, 관심도 많았으니까요. 초청을 받아서 강의도 하고 그랬어요. '새마을운동은 우리가 다 같이 잘살기 위한 운동이다. 서로서로 열심히 노력해서 잘 살자.'라는 취지로 강연을 많이 했지요.

촉진대회는 보통 언제 하나요?

연초라든지, 시기가 맞으면 각각 단체들이 다 해요. 같이들 하는 거죠. 저 같은 경우에는 이발사니까 이발사들 모임에 주로 많이 갔지요.

이번에는 앞에서 말씀하셨던 봉사 쪽에 대해서 질문을 드릴게요. 봉사활동을 하려면 양로원 같은 기관과 접촉을 해야 하는데요. 어떤 방식으로 찾아갔나요? 그쪽에서 먼저 연락을 하나요? 아니면 다른 기관에서 선생님한테 연락을 해주나요?

우리가 찾아갔어요. 어디서 초청한 건 아니었어요. 우리가 간 거예요. 양로원, 고아원, 병원 등등, 다 그랬어요. 일단 우리는 봉사를 하니까 거기에서 돈 같은 걸 주지는 않아요. 물론 우리가 물질적인 도움은 안 주죠. 이발 봉사만 하는 거죠. 우리가 돈을 써가며 했죠. 밥도 우리가 사 먹고, 활동비도 우리끼리 알아서 걷었어요. "이것

이용업 · 미용업 도시새마을운동 촉진대회(구술자 제공)

도 봉사 아니냐? 그냥 이렇게 하자."라고 했던 겁니다.

활동비는 어떻게 걷어서 쓰셨어요?

이리저리 조금씩 내기는 했지만, 돈 걷기가 참 어렵더라고요. 미안하고요. 다들 힘들게 일하고 어렵게 사니까 말이죠.

봉사하러 멀리 갈 때도 있었다고 하더라고요.

구세군양로원 같은 데도 갔었지요. 지금의 과천에 있었어요. 그때는 버스를 타고 갔지요. 각자 자기가 버스 비용을 내고요. 그리고 당시에 천호동에 베드로보육원이라고 있었어요. 거기도 다녀오고요. 수색 쪽에 삼동소년촌이라고 있었죠. 수색 쪽은 1983년까지 머리 잘라주러 다녔던 걸로 기억해요.

말씀해주시는 걸 들으니까 궁금한 것이 하나 생깁니다. 선생님이 하셨던 봉사활동과 새마을운동과의 관련성 여부입니다. 일단 이용업이나 미용업 같은 경우에는 봉사 이외에 새마을운동과 어떻게 연관이 있었나요?

그때는 박 대통령이 새마을운동 제창을 했으니까요. 어느 단체든지 새마을운동이라는 용어 자체를 많이 쓴 것 같아요. 그렇게 연관이 됐던 거지요.

일단 서울역에 있던 광일이용원에서 계속 근무하셨나요?

그랬죠. 그리고 나중에는 제가 인수를 했어요. 사업자등록은 처남 이름으로 했고, 운영은 제가 했지요. 이발소 의자가 17개 정도 됐었죠. 제가 그걸 나중에 처남한테 맡겼죠. 처남도 이발사였거든요. 그리고 나중에는 제가 개인택시를 몰았어요. 봉사활동을 많이 하니까 서울시장 표창을 많이 받았거든요. 표창이 있는 경우에는 3년만 택시회사에 있으면 개인택시를 탈 수 있다고 하더라고요. '나이 먹으면 이발소 일을 못 할 것 같다. 그러면 면허를 내서 택시를 타야겠다.'라고 생각한 거죠. 그렇게 해서 차도 구해서 몰았죠. 택시를 타면서 25년 무사고로 운전했어요.

1970년대와 1980년대 새마을운동의 성격 차이

이번에는 다른 질문을 드릴게요. 1980년대에는 전경환 씨가 회장으로 들어와서 새마을운동을 계속했잖아요. 1970년대랑 비교할 때 분위기가 많이 달라졌나요?

일단 전경환 회장이 대통령 동생이라서 그런지 인기가 없었어요.

구체적으로 어떤 사례가 있었나요?

1970년대는 사람들이 좀 순수했어요. '이렇게 하면 잘 살 수 있다. 그러니까 우리 다 같이 노력하자.'라는 구호가 통했지요. 그런데 전두환 때부터 전경환 씨가 새마을협의회 회장이 된 뒤로는 거부감이 생겼어요. "저기 뭐 대통령이 되니까 동생이 나와서 왜 저러나?"라고 했지요. 새마을지도자들한테 인기가 별로 많지 않았어요.

새마을지도자들한테도 인기가 별로 없었군요.

왜냐하면 중간에 차고 들어온 거잖아요. 이게 조금 규율이 안 맞아 버린 거예요. 말은 새마을운동이라고 했지만 제대로 하지는 못했어요.

제대로 하지 못했다는 게 어떤 의미인가요?

일단 다른 사람들이 전경환 씨랑 같이 일을 안 하려고 했죠. 그런데 회의장에서는 전경환 본인이 말을 많이 해요. 그러니까 박자가 안 맞았어요. 예를 들어서 전경환 씨가 새마을지도자 모임이나 회의 때 오잖아요. 그러면 "우리 새마을운동 이리 잘합시다."라고 말하는 거죠. 그런데 이게 박 대통령같이 말할 때랑 듣는 사람들의 마음이 달라진 거예요. 새마을지도자들이 받아들이는 게 달라졌죠. 반감이 있었다고나 할까요?

확실히 분위기가 달라졌군요.

박 대통령 때를 따라가질 못했어요. 게임이 안 된다고나 할까요? 전경환 씨가 이제 새마을지도자들을 교육시킨다고 강의를 하면 일단 사람들이 듣긴 들어요. 그리고 끝나면 회장이니까 사람들한테 뭐 선물도 주고 가고 그래요. 그런데 그 선물을 안 받으려고 하는 사람들이 많았어요.

선생님도 전경환 회장 때에도 새마을지도자로 참여했나요?

계속 참여했어요. 회의장도 몇 번 가고, 무슨 뭐 메달도 주고 막 그랬었어요. 전 회장이 메달도 주고 했죠. 그런데 분위기가 그래서 그런지 사람들이 잘 받으려고 하지를 않더라고요.

당시 선생님이 일하셨던 곳은 중구였잖아요. 그러면 중구 새마을지도자로 활동하신 건가요?

직장은 중구였지만 사는 곳은 성북구였어요. 그러니까 성북구

도시새마을운동 촉진대회(1984년)

쪽 새마을지도자였지요. 대신 중구에서는 직장새마을 같은 쪽 지도자 모임 같은 게 있으면 거기로 가서 일하는 거였죠. 지역에 일이 있으면 성북구로 나가는 거였고요.

그럼 선생님이 사셨던 곳의 새마을지도자들은 대략 몇 명 정도 있었나요?

한 동에 새마을지도자들이 보통 열 몇 명씩 돼요. 그 사람들이 새마을지도자였지요.

다 모여서 회의 같은 것도 하나요?

네, 그럴 때는 구청 단위로 하는 거죠.

성북구청에서 하는 새마을지도자 회의에도 나가셨던 거예요?

그럼요. 다 나가죠.

가서 그러면 주로 무슨 일을 하셨어요?

회의를 나가면 회장, 부회장, 총무, 대략 그렇게 있어요. 그리고 성북동이면 성북동 지도자, 돈암동이면 돈암동 지도자, 이렇게 모임들이 다 있어서 와요. 그래서 큰 사무실을 회의장으로 쓰죠. 거기서 얘기하는 거예요.

새마을지도자 회의할 때는 어떤 이야기가 나오나요?

지역 활동에 대한 주제가 있으면 해당되는 사람들한테 말하는 거죠. 예를 들어서 수해가 났다고 하면 각 동 지도자한테 '어떻게 어떻게 해라.'고 회장이 지적해 주는 거죠.

어떻게 보면 도시라서 그런지 농촌새마을운동이랑은 약간 다른 것 같습니다. 일상에 대한 내용이 더 많을 것 같네요.

맞아요. 도시에서는 새마을운동이 무엇이라고 딱 정하기가 좀 애매해요. 어쨌든 좌우간 사람 사는 데 필요한 것은 새마을운동이니까요. 삶에 도움이 되는 일은 다 새마을운동이라고 할 수 있는 겁니다. 어떻게 보면 한도 끝도 없는 말일 수도 있죠. 또 뭐라고 딱 집어서 얘기하기도 그렇고요. 예를 들어서 어떤 동에 가로수 옆에 화분을 놓는다든지, 그런 것도 새마을지도자들이 관리하는 거예요. 그렇게 해서 꽃도 심고, 거기다가 또 물도 주고, 또 꽃이 잘못되면 보충해서 심어놓고, 보기 좋게 만들고, 철거할 때도 또 철거하고, 이런 것들도 이제 새마을지도자들이 하는 일이었죠.

그리고 성북구 같은 경우에는 중랑천이 문제에요. 비가 여름에 많이 오면 물이 넘쳐요. 석관동 같은 데로 다 들어와요. 그러면 집마다 물 들어오거든요. 청소하러 전부 동원돼요. 그리고 물이 한 번 들어왔다 나가면 중랑천 너머에 쓰레기가 그냥 왕창 생겨요. 그런 거 치우고, 저런 거 치우고, 그런 게 도시새마을운동의 큰 일감이었죠.

아무런 보수는 없는 거죠?

보수는 없죠.

성북구 중랑천 새마을 청소 현장을 찾은 구자춘 시장(1975년)

자기 생활을 하면서 봉사한다는 거네요.

좌우간 정 바쁜 사람은 자기 볼일 보러 가지만, 안 바쁜 사람은 나와서 하는 거예요. 그리고 또 책임자들은 바빠도 와서 하는 거고요.

요즘은 그런 활동이 가능할까요?

글쎄요. 지금은 세월이 많이 흘러서 사람들 마음이 움직일까요? 그렇지만 그때는 사람들도 새마을운동을 한다고 하면 자기 동네를 위해서 뭔가 하는 걸로 봤어요. 인정을 받았죠.

성북동 새마을지도자 활동

새마을지도자가 되신 분들의 이야기를 들어보니까 처음에는 동장이나 주변 사람들이 추천해서 되었다고 하더라고요. 선생님은 어떻게 되셨나요?

제가 지원을 했지요. 물론 다른 사람들은 동장이나 구청장 같은 사람들이 추천해서 되는 경우가 많았어요. 예를 들어 구청장이 얘기한다든가, 동네 친구가 얘기한다든가, "너, 새마을지도자 해라."고 해서 강제로 미는 경우도 있었고요. 그렇지만 저는 제가 한다고 했어요.

어째서 새마을지도자를 하겠다고 하셨나요?

처음부터 좋으니까 했어요.

절차가 따로 있었나요?

동사무소에 가서 얘기하면 되거든요. 그럼 동장이 받아주는 거죠.

동네 사람들하고 주로 무슨 일을 하셨어요? 집에서는 이발 봉사를 안 하셨을 것 같은데요.

일단은 청소 같은 것을 우선적으로 하고요. 단합대회 같은 것도 가끔 하다가, 뭐 낡은 집들 고쳐주고, 뭐 이런 도배도 해주고, 아까 말했던 꽃길 가꾸기도 하고, 뭐 그런 걸 많이 했죠.

농촌의 소득증대사업들과는 다른 내용이네요.

대신 보람을 느끼는 거죠. '내가 사는 동네에 뭐가 달라지고 있구나. 야 참 좋다.'라는 걸 느끼는 겁니다. 다른 사람들도 좋다고 하고요. 그런 걸로 재미를 느끼고 하는 거죠. 저도 나중에 택시를 몰 때는 바빠서 못 했어요. 만사 제쳐놓고 하질 못했죠. 택시를 노는 날에는 운동하러 다녀야 했거든요. 그래서 새마을지도자 활동할 때만 가서 했죠. 풍수해 났을 때 소집하면 그때 좀 가고요.

새마을지도자들 중에 여성들도 있었잖아요. 새마을부녀회도 있었고요. 당시에 여성들은 어떤 활동을 했나요?

부녀지도자들은 동네에 노인들 모이면 밥도 해주고, 국도 끓여주고, 동민 잔치나 운동회 준비하고, 뭐 그런 걸 했죠.

택시 일이 없으실 때도 열심히 하셨네요.

그때는 했죠. 1970년대에는 말이죠. 그러니까 대신 집에서 "당신은 밥 먹고 사는 것은 걱정도 안 하면서 맨날 그것만 걱정하느냐?"라고 잔소리를 많이 들었어요. 새마을지도자 중에서 부인한테 잔소리 안 들은 사람은 아무도 없었어요.

네 좋은 말씀 감사합니다. 인터뷰는 이것으로 마치겠습니다.

김다순

“그때는 내 거 다 버려놓고 뛰어다녔죠”

1948년 전라남도 순천 출생
1978년 서대문구 충정로 새마을부녀회 총무
2002년 서대문구 새마을부녀회 회장
2010년 제6대 서대문구의회 의원

면 담 자 오유석(성공회대학교 민주주의연구소)
면담주제 서울시민과 도시새마을운동
면담날짜 2023년 11월 17일
면담장소 서대문구 충정로 미근경로당

충정로 새마을부녀회원으로 새마을운동을 시작

이번 면담은 '서울의 도시새마을운동'이라는 주제로 실시하는 서울역사편찬원의 구술채록사업입니다. 오늘은 김다순 선생님을 모셨습니다. 우선 도시새마을운동이 추진되었을 당시에 대해 말씀 부탁드리겠습니다.

김다순이라고 합니다. 전남 순천이 고향이에요. 1971년에 결혼도 하고 서울로 이사를 왔지요. 남편이 한의사였거든요. 애들을 서울에서 키워야 한다고 해서 오게 된 거였어요. 그때 통장이 저한테 이름이라도 올려달라고 사정을 해요. 그래서 이름을 올리게 되었지요. 그다음에 나오라고 해서 가보니까 또 총무를 하라고 해요. 거의 10년 정도 한 거 같아요. 그렇게 새마을운동을 하게 되었지요.

물론 당시에는 새마을운동이 뭔지도 모르고 했어요. 그전에는 다들 가난했으니까요. 이곳 충정로도 굉장히 빈부차가 심했던 곳이거든요. 굉장히 잘 사는 데는 잘 살고, 가난한 데는 가난하고 그랬어요. 그래서 경로당 노인들 잔치해 주고, 리어카 끌고 다니면서 헌옷도 줍고, 텔레비전이나 라디오 같은 거 주워다 팔고, 또 그 돈으로 잔치도 하고 그랬어요. 또 새벽마다 일어나서 맨날 청소하러 가고, 길 쓸러 가고, 그러면서 맨날 교육도 받고요. 그렇게 하다가 보니까 지금까지도 새마을운동을 하는 거죠.

선생님이 충정로에서 새마을운동을 시작할 당시 모습은 어땠나요?

처음 통장이 이름을 올리라고 했을 때는 재건운동[1]이라는 이름으로 기억해요.

재건국민운동이 그때까지 있었군요.

아마 그럴 거예요. 그러다가 새마을운동으로 바뀐 것 같아요. 여기 동에 통이 25개가 있었거든요. 통마다 새마을지도자랑 새마을부녀회가 다 있었어요. 하여튼 억지로라도 통별로 하나씩 있었어야 했어요. 저 같은 경우에는 이름을 올려놨지만 한 1년 동안은 안 나가다가, 할 수 없이 나가면서부터 시작했던 거예요. 또 우리 염 선생(남편)도 해보라고 했어요. "그거 좀 도와줘, 도와주지 뭘 그걸 안 하려고 그러냐?" 고 말이에요. 본인이 그렇게 얘기한 덕분에 제가 새마을운동을 한다고 그렇게 돌아다녀도 한 번도 뭐라고 한 적이 없었죠. 굉장히 많이 잘 도와주고, 애들 뭐 학교 가는 것도 챙겨주고, 그랬어요.

처음 올라오셨을 때 집은 충정로 어디셨어요?

충정로3가 227번지였어요. 거기에 세를 얻었지요. 지금은 완전히 달라졌지요.

---

1 5·16군사정변 이후 추진된 관 주도의 국민운동이다. 국민복지를 이룩하고 국민의 도의·재건의식을 높인다는 명분을 내세웠다. 최초에는 국가재건최고회의 산하에 국가재건국민운동본부를 두었다. 1961년 6월부터 1964년 8월까지 재건국민운동본부 조직으로 사업이 수행되었고, 이후 내무부와 사단법인 재건국민운동중앙회로 이관되었다. 이후 재건국민운동중앙회는 1975년 해체되었다.

서대문구 새마을 가꾸기 운동 모습(1972년)

새마을부녀회 조직과 회원들의 활동

각 부녀회 지회나 서대문구 지회 회장, 협의회장, 이런 건 언제 만들어졌어요?

새마을운동하고 새마을지도자들이 생기면서 만들어졌지요. 그때는 회원들도 엄청 많았어요. 통별로 25명이나 되잖아요. 구區회장도 따로 있고요. 그리고 구협의회장들도 따로 있고요. 부녀회장도 구부녀회장이 있고, 협의회 새마을지도자회장도 있고, 시市회장도 있고요. 서울시 새마을협의회도 있었고요.

서울시 새마을협의회는 지금 어디 있어요?

전에는 합정동에 있었는데 옮겼어요. 동대문구였던가? 마장동? 장안동? 거기에 있어요.

그거는 서울시 새마을협의회 자산이에요?

그렇죠. 새마을지도자들이 모은 거를 합쳐서 산 거죠.

지금도 25개 통에 새마을 조직들이 다 있나요?

지금은 자꾸 줄었어요. 통도 지금은 14개 정도예요. 25개였을 때는 회원이 500명은 됐어요. 또 지금은 새마을협의회도 없어요. 새마을부녀회만 있는 정도죠.

동대문구 장안동에 있는 서울특별시 새마을회 건물

새마을부녀회 총무 일을 하셨을 때 새마을지도자가 누구셨어요?

구홍서[2] 회장이었어요.

그분은 주로 무슨 일을 하셨어요?

그분은 새마을이라면 다 했어요. 가족들도 다 새마을지도자였어요. 온 식구가 같이 했지요. 성공사례 발표도 많이 했고요. 열정적으로 하셨죠.

---

2 이 책의 또 다른 구술자이다. 해당 내용은 두 번째 장을 참조할 것.

같은 동네에서 사셨나요?

구흥서 회장은 아현동에서 살았어요. 가게가 여기 종근당 쪽에 있었어요. 나중에는 집도 충정로로 와서 같이 새마을운동을 했지요. 맨날 동네 마을 일을 하러 다녔죠. 뭐 폐품수거하러 가고, 청소하러 가고, 신촌역 밑에 하천도 청소하고, 빗자루 들고 다녔죠.

신촌 기차역 주변이면 홍대랑 이대 쪽까지 가셨던 건가요?

신촌 기차역 있는 데서 저쪽으로 이대랑 연대 주변까지 했어요. 또 연대 있는 그쪽 길 건너지는 않고 철길까지만 했지요.

이번에는 다른 질문을 드릴게요. 1970년대부터 새마을부녀회 활동을 하신 거잖아요. 그때만 하더라도 여성들이 외부 활동하기가 쉽지 않았을 텐데요. 가족들이 도와줘도 말이죠. 당시 부녀회 활동은 어떤 분들이랑 하셨는지, 어떻게 협조를 요청하셨는지요?

일단 저희 동네에 통마다 부녀회장이 있었어요. 드물어요. 서대문구에서는 이쪽만 그랬어요. 그리고 구區 회장이 그때가 오성자 씨라고 있었어요. 그분이 시에 들어가면 구 회장들이랑 회의를 하는 거죠. 새마을지도자들이 뭔가 해야 한다고 하는 거죠. 맨날 그런 거 논의해요. 하지만 돈이 없죠. 그래서 제가 총무고, 덩치도 좀 있고 하니까 리어카 끌고 다니면서 라디오 줍고, 텔레비 줍고, 그런 거 팔고, 그 돈으로 경로잔치 같은 거 하는 거죠. 그래도 모자라요.

바르게살기운동 결의대회(1989년)

모자라는 돈은 어떻게 충당했나요?

이쪽에 신문사도 있고 제약회사도 있어요. 종근당, 동아일보[3]도 있어요. 그런 데에 가서 좀 얻어요. "경로잔치 하려니까 좀 보태주십시오."라고 말이에요. 저는 어디 가서 남한테 가서 달란 말을 못 해요. 그런데 동洞 회장님은 되게 뻔뻔해서 가서 잘 달라고 그래요. 대신 저는 총무니까 따라가고요. 가면 종근당 같은 경우에는 10만 원씩 줬어요. 그때만 해도 돈이 10만 원이면 컸잖아요.

3 1992년 세워진 동아일보 충정로 사옥이다. 서울시 중구 충정로1가에 위치해 있다. 현재에도 광화문사거리에 있는 동아미디어센터와 함께 동아일보 사옥으로 기능하고 있다.

잘 보태주는 곳도 있었을 테고, 잘 안 보태주는 곳도 있었을 것 같은데요.

그렇죠. 어떤 곳은 안 주더라고요. 나중에 동 회장이 그분하고 싸우다가 그만두고 다른 사람이 동 회장이 되니까 좀 주더라고요. 원래는 몇 번 안 주면 안 가는 게 맞는데, 계속 가더라고요. 그 집에요. 그렇게 가니까 1만 원 정도씩 주더라고요. 나중에는 제가 화가 나서 "그걸 왜 받아옵니까? 새마을지도자가 지금 남을 돕자고 하는 건데 말이에요. 거지예요?"라고 하면서 한바탕 했죠. 제 성격이 가만히 있지를 못하거든요.

나중에는 바르게살기운동도 하셨다고 하더라고요.

예, 그랬죠. 서대문경찰서에서 선도요원도 하고, 바르게살기운동도 하고, 그런 걸 다 했었죠. 그러니까 삐라를 주우러 산에도 가고요. 그런 것도 많이 했어요. 그렇게 돌아다니고 새마을부녀회도 했죠. 새마을지도자들도 바르게살기운동에 들어와 있는 분들도 있었고요.

86아시안게임과 88올림픽, 그리고 2002월드컵 때의 새마을부녀회 청소 활동

이번에는 1980년대에 대한 질문을 드릴게요. 그 시절에는 아무래도 86아시안게임이나 88올림픽 준비와 관련된 일이 많았을 것 같습니다. 새마을운동을 하면서 그와 관련된 일도 같이 하셨나요?

그때도 자원봉사를 많이 했죠. 새마을부녀회원들이 서울 시내 돌아다니면서 화장실 청소도 하고요. 깨끗해야 하니까요. 아시안게임 때 같은 경우에는 우리가 종로나 광화문 쪽 지저분한 데는 다 치웠어요. 화장실도 치우고요. 우리 같은 사람들은 외국 말은 못 하잖아요. 그래서 주로 그런 청소 같은 걸 했지요. 풀 매는 것도 더러 하고요.

아시안게임이나 올림픽 준비 때문에 청소를 하러 나가려면 다른 부녀회 회원들을 데리고 가셔야 하는데요. 다른 분들은 잘 참여를 했나요?

일단 서대문구에서 각 동의 회장들이 나와요. 회장, 부회장, 이렇게요.

부녀회원들은 안 나오고요?

부녀회원들까지 나오라고 하기에는 너무 힘들어요. 새벽에 나가서 밤중에 들어오고 그랬거든요. 진짜 힘들어요. 그러니까 중간에

88서울올림픽을 준비하기 위해 올림픽로 일대에 꽃 심기 활동을 하는 모습(1987년)

나가떨어지는 사람도 있고 그랬어요. 그래도 그게 보람이라고 생각했던 거지요. 다 하고 나니까 전두환이 상장 같은 거 주고, 노태우 대통령이 또 상패 같은 거 주고, 그런 거 받았지요.

당시에 공무원이나 단체장들도 상이나 훈장들을 많이 받았다고 하더라고요.

그랬죠. 하지만 우리는 밥도 내 돈 주고 사 먹고 다녔어요. 그래도 그게 내 나라를 살리기 위해서라고 생각했어요. 다 깨끗이 해야 한다고, 그게 다 보람이라고 생각했죠. 그런 거 잘했다고 무슨 상을 주긴 했죠. 뭐 대통령상이라고 주고, 또 훈장 받고, 물론 나중에 보니

월드컵맞이 환경정비 부녀봉사대 발대식(2001년, 구술자 제공)

까 아무 소용없더라고요.

경로잔치, 김치 나눠주기, 연탄 배달, 여러 가지 새마을 봉사활동

새마을부녀회에서 선생님하고 같이 일한 분들은 어떤 사람들이었어요?

다 같이 모여서 살림하는 사람들이었죠. 직장에 다니는 사람들은 새마을운동을 못 했어요. 새마을운동을 하면 허구한 날 나가야 하

경로잔치 모습(1976년)

거든요. 그냥 신촌역에 가서 국수 끓여서 잔치해 주고 그러거든요. 그래서 어디 직장에 다니는 사람들은 그걸 못했죠.

새마을이라는 이름을 달고 했던 일들이 많았군요.

그냥 당연히 해야 하는 일이라고 생각했던 겁니다. 먼저 나가서 솔선한 거죠. 또 제 성격이 그래서 무슨 일을 하면 다른 사람들한테 명령하지 않아요. 제가 먼저 하죠. 그러면 회원들이 다 줄줄 따라서 나와요. 안 할 수 없잖아요. 그렇게 해서 새마을운동을 참 잘했었어요. 재미있게 말이에요.

너무 열심히 하니까 가족분들이 뭐라고 안 하셨나요?

바르게살기운동, 선도위원, 또 무슨 협의회, 제가 허구한 날 그러고 다녔죠. 그러니까 우리 염 선생(남편) 한테 미안하죠. 이 여자가 한 달에 얼마 쓴다고 그걸 계산하고 돈을 갖다 놔요. 책상 앞에다가요. 그 덕분에 잘 돌아다니면서 일했던 거죠.

다른 부녀회장의 남편들도 다 도와주고 그랬어요?

그분들도 다 마찬가지죠 뭐. 새마을운동하면서 자기네들이 청소한다고 그러면 또 남편들이 막 나오고 그랬어요. 지금도 구청에 가서 김치 담그기 같은 거 하면 부녀회장 신랑들이 와서 도와주기도 하더라고요.

새마을운동의 핵심은 스스로 좋아서 일하는 새마을지도자

지금은 사람들이 새마을운동을 잘 모릅니다. 예를 들어서 독거노인 돕기 같은 건 이제는 사회복지사 같은 분들이 하고 있고요. 거리 청소 같은 것도 체계적으로 하고 있고요.

시대가 변했죠. 일단 사람들이 새마을운동을 거의 안 하죠. 그 전에는 새마을지도자들은 유별나게 선후배가 확실했어요. 지금은 그런 거 없죠. 또 하라고 해도 안 하죠. 당시 새마을운동에 열심이었던 사람들이 지금도 좀 있어요. 연세들이 많지요. 우리 나이 또래들이에요. 그런 사람들은 지금도 새마을운동을 하고 있더라고요.

하지만 변하긴 변했어요. 경로잔치도 많이 줄었어요. 독거노인 돕기 같은 것도 이제는 노인들도 귀찮아할 때가 있어요. 구청에서 다 보조를 받으니까요. 왜 전화하냐고 하기도 하고요. 옛날 그 시절에는 봉사하는 사람이나 받는 사람이나 자기 친척같이 대했죠. 이제는 와도 싫어할 때가 있어요. 사람은 같아도 시대가 변한 것 같아요. 생각해보면 지금은 없는 사람이 별로 없기도 하고요.

예전에 선생님이 하실 때 새마을운동은 어떤 의미였다고 생각하세요?

그때는 내 거는 다 버려놓고 나가서 뛰어다녔지요. 이렇게 하는 일이 남들 도와주는 일이라고 생각했던 거죠. 그렇게 쫓아다니면서 했어요. 물론 그렇게 열심히 했기 때문에 지금은 그게 굉장히 잘한 일이라고 생각해요.

어떻게 보면 구청 같은 곳에서 못 했던 생활보호대상자나 독거노인 돌보는 일들을 도시새마을운동이 하고 있었던 것 같습니다. 그때는 우리가 못 살았기 때문에 국가가 아닌 새마을지도자들이 했던 거라고 할까요?

그렇죠. 새마을지도자들이 대신 다 했죠. 잘했다고 생각하죠. 새마을운동이 없었다면 그런 일들을 못했을 거예요. 그러니까 새마을지도자들이 자부심을 가지고 했던 거죠. 아시안게임, 올림픽, 그런 것도 새마을지도자들이 다 했어요. 저한테는 이게 천직이라고 생각했던 거고요. 아마도 제가 그런 거를 안 하고 다른 걸 하고 살았으면 아마 서대문 갑부가 됐을 겁니다.

네 좋은 말씀 감사합니다. 인터뷰는 이것으로 마치겠습니다.

오도석

"도시새마을운동은 질서운동부터 시작했죠"

1941년 전라남도 구례 출생
1967년 서울시 마포구 아현2동사무소 근무
1967년 성균관대학교 행정학과 졸업
1978년 서울대공원 건설사업소 근무
1982년 마포구청 새마을과 계장
1987년 목동지구 개발사업소 보상과장
1989년 중구청 지역교통과장
1998년 세종문화회관 총무과장
1999년 건설안전관리본부 조사관리과장

면 담 자 박광명(국사편찬위원회)
면담주제 서울시정과 공무원들(새마을운동 · 서울대공원)
면담날짜 2019년 11월 8일
면담장소 마포구 대흥동 자택

새마을운동이 시작된 계기

이번 면담은 '서울의 도시새마을운동'이라는 주제로 실시하는 서울역사편찬원의 구술채록사업입니다. 오늘은 오도석 선생님을 모셨습니다. 선생님께서는 1967년부터 서울시에서 근무를 시작하셨고, 같은 해 성균관대학교를 졸업하셨습니다. 그리고 서울시 새마을과, 서울대공원 건설사업소, 목동지구개발사업소, 건설안전본부 등에서 근무하셨습니다. 우선 도시새마을운동이 추진되었을 당시에 대해 말씀 부탁드리겠습니다.

오도석입니다. 우선 새마을운동이라고 하는 것은 박정희 대통령이 주창한 생활 개선 운동이었어요. 경제적인 곤란을 타계할 수 있게 한다는 것이었죠. 평생 그분의 정치 신조였던 겁니다. 그래서 새마을운동이 박 대통령의 지시로부터 시작됐다고 보는 거죠. 물론 그 태동은 유달영 박사의 《인생노트》, 미국의 부크맨F. Buchman 박사의 도덕재무장운동, 그다음에 이스라엘의 키부츠Kibbutz 운동 같은 걸 참조한 거였어요.[1] 이스라엘도 덴마크를 참조해서 내부 개발을 하니까 지

1 《인생노트》는 유달영이 1957년부터 《사상계》에 연재했던 수필이다. 유달영의 회고를 바탕으로 쓴 글들이며, 당시 큰 인기를 얻었다. 도덕재무장운동(Moral Rearmament, MRA)은 1921년 미국 루터파 목사 부크맨(Frank Buchman)이 시작한 운동이다. 옥스퍼드그룹운동이라고 불린 학생 전도 운동이 전신이며, 1938년 이후 사회변혁을 강조하는 경향을 강화해서 〈도덕재무장〉이라고 개칭하였다. 계급, 국적을 초월한 화합을 주장했다. 키부츠(kibbutz)는 이스라엘의 집단 농업 공동체로 사회주의와 시오니즘을 결합한 형태이다. 구성원들은 사유재산을 가지지 않으며, 토지와 생산품은 공동소유하고, 수입은 키부츠에 귀속된다. 주거는 부부 단위로, 식사는 공동식당에서 제공되며, 아이들은 18세까지 집단

금처럼 잘 사는 나라로 만들었잖아요. 우리나라도 이스라엘의 히브리 대학인가 어딘가 가서 박사학위를 받은 분들이 키부츠 운동이랑 이스라엘 사람들의 자생력에 대한 나름대로 철학을 가지고 귀국을 했던 겁니다. 박 대통령이 그 사람들한테 보고받고 입안을 하게 한 거죠. 그렇게 해서 처음에는 새마을운동은 지붕개량 운동부터 시작했습니다.

쌍용양행에서 만든 시멘트를 나눠줬었죠.

맞아요. 그 시멘트로 집안과 골목길을 다듬고, 그다음에 지붕개량이 시작되고, 담장 개량도 했습니다. 그다음에 새마을 노래가 제정되었죠. 아마 연세대학교를 나온 어느 교수가 새마을 노래[2]를 지었을 겁니다.

그 "새벽종이 울렸네"라는 가사가 나오는 노래를 말씀하시는 거죠?

맞아요. 곡조가 매우 힘차고 흥도 나죠. 그리고 벼 품종 개량도 했죠. 종합적인 농촌개발운동을 한 거죠. 그러면서 도시에도 그런 운동을 도입한 겁니다. 도시와 농촌은 조금 유형이 다르긴 합니다. 하지만 자활의식, 협동의식, 이런 것을 일깨워서 산업 쪽에 적용한 거

생활을 한다. 1909년 시오니즘 운동 중 생겨났다. 현재 약 230개의 키부츠가 존재하고, 구성원은 8만 명이 넘는다.

2 처음 〈새마을노래〉가 나왔을 때는 작곡자가 홍연택으로 알려졌다. 그러나 오늘날에는 1972년 4월 21일 박정희 대통령이 작사·작곡했으며, 새마을운동을 촉진시키기 위한 노래라고 알려져 있다. 작사 글은 이은상에게 감수받았다고 한다.

새마을운동 조기청소(1983년)

죠. 잘 사는 나라가 되기 위해서 도시개발운동을 병행한 겁니다. 하지만 도시개발운동은 농촌운동이랑 조금 달라요. 정신적인 분야가 조금 더 강조됩니다.

정신적인 분야가 강조된 도시새마을운동

정신적인 분야라는 구체적으로 어떤 건가요?

일단 농촌은 생산적인 분야가 강조됩니다. 그런데 도시새마을운동은 질서운동부터 시작했죠. 교통정리, 내 집 앞 쓸기, 뭐 이런 것부터 시작이 됐습니다. 그다음에 소득 배가 운동, 소비 전략 운동, 이런 식으로 했던 거죠. 그렇게 도시새마을운동을 활성화했던 겁니다.

선생님의 경우에는 새마을운동 추진을 위해서 교육자로 차출이 되었다고 알고 있습니다.

일단 전두환 대통령 때였어요. 그분이 새마을운동을 다시 재점화한다고 했죠. 그러면서 동생이었던 전경환 씨를 새마을 사무총장으로 임명해요. 교육을 철저히 시키자고 했던 거죠. 박 대통령이 돌아가시고 그 이듬해 봄에 김준 씨가 새마을운동연수원 원장이었어요. 이 양반도 농촌운동을 했던 분이에요. 그때 수원에 새마을운동교육원이 있었어요. 그래서 제가 거기에 6박 7일 합숙으로 새마을교육을 받았지요. 공무원이랑 기업체 중견 간부들을 교육시킨다고 해서 말이에요.

어떤 교육을 시켰나요?

일단 거기 가서는 몸으로 가르치는 거예요, 아침에 일어나면 종이 울리거든요. 그러면 동작이 늦는 사람, 혹은 빠른 사람, 다들 있잖아요, 그러면 늦는 사람한테 말로 "빨리 가세요."라고 하는 게 아니에요. 동작이 나오도록 유도해요. 그리고 아침 새벽에 그 먼동 트기 전에 일어나서 국민체조를 한 다음 강의를 하죠. 김준 원장이 특강도 가끔 하고 그랬어요. 그런데 그분의 강의는 정말 눈물 없이는 들을 수가 없을 정도로 훌륭한 강의였어요. 어떤 사람이 선박회사에서 왔는데 저하고 나란히 자게 됐어요. 그런데 그 사람이 완전히 심취하더라고요. 그래서 마지막 날 그러더라고요. "한 번 더 연수받으러 와야 하겠습니다."라고 말이요. 저도 완전히 거기서 사람이 변하다시피 해서 나왔습니다.

강의 내용이 어떤 내용이었나요?

자활에 대한 것도 있었고요, 우리나라 진로 문제도 있었죠. 국민성 개조, 그다음에 생산·질서 운동 등등, 이런 것에 대해서 개선 계획을 강의하는 거예요.

지금도 내용이 기억나실 정도로 그렇게 인상 깊으셨다는 거네요.

저 같은 경우에는 도덕재무장운동을 옛날에 했어요. 4H운동[3]도 했고요. 고등학교 다닐 때 말이에요.

아, 농촌에서 4H운동을 하셨군요.

그렇죠. 그다음에 유달영 교수의 《인생노트》도 심취했고요.

---

3 1947년 3월 낙후된 농촌의 생활 향상과 기술 개량을 도모하고 청소년들을 고무하기 위해 시작된 농촌 청소년 지도 운동이다. '4H'는 지성(head)·덕성(heart)·근로(hand)·건강(health)의 뜻을 지닌 영어의 네 단어의 머리글자를 나타낸다. 우리나라의 4H운동은 1927년 YMCA를 통해 처음 소개되었으나, 본격적으로 시작된 것은 광복 이후인 1948년부터였다. 6·25전쟁 이후 농림부와 내무부가 협력하여 전국적으로 보급하였고, 1956년부터는 농촌청소년 행정이 시작되었다. 1978년 '새마을청소년회'로 명칭이 변경되었다가 1989년에 다시 '4H회'로 변경되었다.

《상록수》라는 소설도 있었잖아요.

심훈이 실제 이야기를 각색해서 쓴 유명한 소설이지요.

그렇죠.

당시 서울시 공무원들의 인사 전보가 6개월이면 가능하다고 하더라고요. 지금은 1년인데 말이죠. 그런데 선생님은 새마을과 계장직을 상당히 오래 했더라고요.

맞아요. 어쨌든 제가 새마을운동에 소질이 있었던 것 같아요.

보통 새마을운동계장 같은 보직들은 공무원들이 오래 안 있으려 했다고 합니다. 선생님께서는 꽤 오랫동안 있으셨는데 말이죠.

거기가 일 자체가 원래 공무원들이 싫어하는 부서예요. 아침에 나가서 깃발 들고 도로 교통 정리해야 되고, 토요일 날은 자연보호라고 해서 한강 변이라던가 야산 같은 데 가서 쓰레기도 주워야 해요. 종이나 담배꽁초 같은 거 길에 있는 것도 줍고 그랬어요. 어느날 초등학교 교장이 새마을과에서 회의할 때 와요. 불러오죠. 그러면 그 어른들한테 애들 데리고 일하라고 시키는 거예요. 어른들이 담배꽁초 버린 걸 애들이 줍는 거죠. 그래서 교장 선생님이 항의도 많이 했어요. 그러니까 공무원들도 그 일이 싫은 거죠.

자연보호를 위한 하천 쓰레기 청소(1981년)

어떻게 보면 사소한 일이고, 사람들과 좀 마찰도 있게 되는 일이네요.

그리고 아침에 일찍 가야 하잖아요. 행사도 많고요. 뭐 교육도 많이 다녀야 하고 말이지요.

그러면 빨리 딴 데를 가셔야죠. 선생님께서는 왜 그렇게 오랫동안 하셨어요?

하루는 새마을계획을 세우고, 하루는 새마을지도자들하고 지역에 가서 청소를 하죠. 그리고 그다음에는 김장시장 같은 데가 개설되면 도로 교통에 지장이 없는지 가서 살피기도 해요. 뭐 이렇게 하다 보니 금방 시간이 가더라고요. 하루가 짧아요. 그다음에 직장새마을운동도 있어요. 도시새마을운동의 주요 파트죠. 각 직장에 있는 사람들을 모셔다가 회의를 해요. 제가 사회를 보는 겁니다. 그 사람들 의견도 묻고요. 또 결론도 내고요. 지금도 그때 회의 준비했던 자료들을 갖고 있어요. 전부 이면지입니다. 사회카드 같은 건 100권 정도 돼요.

도시새마을운동과 공장새마을운동과의 관계

이번에는 다른 질문을 드릴게요. 농촌새마을운동과 달리 도시새마을운동의 경우에는 직장새마을운동도 들어가잖아요. 그렇다면 도시새마을운동과 공장새마을운동과의 관계는 어떻게 되는 건가요? 실무자 입장에서 볼 때 말이죠.

네, 기본적으로 직장새마을운동과 공장새마을운동은 동질성을 가지고 있습니다. 왜냐하면 생산성하고 직결되기 때문이거든요. 그래서 직장새마을운동이나 공장새마을운동은 동일한 차원에서 추진했던 거죠. 또 그 사람들의 생산성을 높이기 위해서 봉급을 올려준다거나 간단한 사기앙양책을 쓰기도 하는 거죠. 뭐 레크리에이션을 한다거나, 해외 유람을 시켜준다거나, 그렇게 하는 거죠.

해외여행도 보내줬나요?

그렇죠.

도시새마을운동 전진대회(1979년)

이때는 해외여행이 아직 자유화나 활성화가 되기 전이었죠.

맞아요. 그러니까 하는 거죠. 또 직장 내에서 승진도 빨리 시켜주고요. 그렇게 촉진을 시키는 거예요. 그렇게 해서 열심히 참여시키는 겁니다. 마포에 삼진제약이라고 있었어요, 게보린 만든 제약회사죠. 거기 사장님이 새마을운동에 그렇게 심취했어요. 마포구 직장협의회 회장도 했고 말이죠. 지역사회에 많은 공헌도 많이 하셨어요. 거기 직장에서 공장새마을운동을 많이 했어요. 의식개혁이나 생산성 제고 활동 같은 걸 말이죠.

어떤 방식을 도입했나요?

생산성 제고는 단순히 생산만 많이 한다고 되는 것이 아니거든요. 의식적인 전략 목표를 갖는 생활도 있고, 도덕적인 생활, 그런 것을 통해서 그다음에는 증산을 목표로 삼는 거였다고 할 수 있을 겁니다. 그러면서 지역적인 공간이 가미되는 겁니다. 직장이나 판로 같은 개념이 공간이거든요. 일상생활에서의 지역이라는 공간 개념이 첨가되는 거죠.

해외연수 같은 건 보통 어디로 갔나요?

보통은 서울시에서 간부들이 주로 갔지요. 구청까지 내려오는 혜택은 별로 없었어요. 대신 직장이나 공장에서는 좀 있었어요. 일단 가면 선진국으로 가지요. 미국이나 유럽 같은 데로 말이에요. 저도 나중에 유럽이나 일본을 갔다 왔어요. 공무로 출장을 갔던 거죠. 물론 그게 새마을운동이랑 직접적인 관련은 없었어요. 대신 새마을지도자를 우대해서 갔다 온 겁니다. 저 같은 경우에도 그랬죠.

새마을운동 종사자들에게 훈장도 꽤 많이 수여했다고 알고 있습니다. 그리고 대통령이 시계 같은 것도 주기도 하고요.

저도 훈장을 2번 받았어요. 새마을훈장이었죠. 그리고 새마을지도자들이 교육을 가면 대통령 시계를 받기도 했고요. 표창도 받고요.

경쟁이 좀 있었을 것 같은데요?

엄청 치열했어요. 요새도 전국대회 같은 걸 할 거예요. 그런데 이제는 새마을과도 계係 단위 이하로 줄어들었다고 해요. 그전에 과課 단위였는데 말이지요. 과 단위에다가 민간조직도 있어서 별도로 사무실도 설치하고 그랬죠. 지금은 계 단위에서도 그냥 담당자 하나만 있을 겁니다.

축소가 많이 되었네요.

엄청 줄어들었죠.

방금 전국대회를 예전에는 했다고 말씀하셨잖아요. 그렇다면 당시에 새마을대회 같은 행사에서 각 지역이나 직장별 새마을운동에 대한 평가를 했나요? 표창 같은 걸 줬다면 점수나 등수 같은 걸 매겼을 것 같은데요. 새마을연수원에서도 그랬을 것 같고요.

일단 새마을지도자들이 마을별로 사업의 품평회를 하는 거죠. 도시새마을운동이니까 동 단위로 하는 거고요. 그리고 시험 같은 건 안 보는데, 교육을 받을 때 정신을 바짝 차려서 들을 수 있도록 자극적인 요소는 많이 있습니다.

구체적으로 어떤 건가요?

사명감을 부여해요. 여러분이 전달자가 돼야 한다고 말이죠. 그러면 하나라도 열심히 메모하게 되요. 여러분이 대표로 온 거라고

새마을지도자와 유공자에게 훈장을 수여하는 박영수 시장(1981년)

강조하는 겁니다.

사명감을 부여한다는 거네요.

그렇죠. 사명감도 부여하고, 자료도 메모시키고요. 그러면 사람들도 '아, 내가 일주일간 열심히 공부했구나.'라는 걸 느끼는 거죠. 예를 들면 서울시에서 타자 교육을 같이 했어요. 그래서 제가 제일 많이 갔습니다. 우리 사무관 승진 동기생 중에서 타자 치는 사람이 별로 없어요. 그런데 저는 이미 선수가 되어 있던 거죠.

새마을운동 중에서 기억에 남는 사업을 뽑는다면 어떤 게 있나요?

제가 마포니까 옥수수 몇 가마를 사다가 근처에 있는 여의도 밤섬에 철새 모이를 준 적이 있어요.

새마을운동 지도자들이 기획했던 거였네요.

그렇죠. 또 저기 당인리발전소 빈 땅에 철도 부지가 있거든요. 옛날에는 석탄이 들어 가는 철도였어요. 어떤 사람은 거기를 들어내고 들깨를 심자고 했어요. 많지는 않지만 그걸 심고 가꾸는 거예요. 그런 게 새마을지도자로의 단결력을 유감없이 보여주는 촉매 역할을 했던 겁니다.

뭔가 동네 주민들이랑 함께하는 사업들이 많네요.

맞아요. 그러니까 새마을운동입니다. 그런데 방금 말했던 철새 모이 같은 걸 하니까 방송국에서 오더라고요. KBS 직원들이 색다른 보도를 위해 맨 먼저 와요. 마포구청에서 이런 일을 했다고 방송하지요. 신선하죠. 그렇게 되면 그다음에 또 다른 구청에서 이어지고 하는 겁니다. 그리고 한번은 마포구청에서 충청북도 보은군이랑 자매결연을 했어요. 우리 쪽에서 도서를 몇 트럭 정도 모아서 보냈더니 거기에서 싸리비를 두 트럭 보내주더라고요. 도시 거리 청소용으로 그래서 제가 트럭에서 싸리비를 가지고 내리고 그걸 TV에서 찍어서 보도도 나오고 그랬어요.

한번은 KBS 기획으로 제가 고충처리위원회에 가서 고충처리

한강 겨울 철새 모이주기 행사(1984년)

민원 과정에 대해서 인터뷰를 한 적이 있어요. 그래서 "민원을 처리하기 위해서 인적, 물적, 그다음에 교육적인 그런 전문가들을 통해서 이러이러하게 하고 있습니다."라고 말했죠. 누가 가르치지도 않았는데 제가 새마을 운동하면서 익혔던 모범답안을 말한 거지요. 준비도 안 했는데 말이지요. 술술 말했어요.

새마을운동을 열심히 하신 덕분에 준비가 잘 되어 있었군요.

어쨌든 새마을운동은 자조 정신이 있는 공무원들이 하는 겁니다. 그러니까 운전기사도 필요 없고 새마을지도자가 운전하는 거예요. 주말에 자연보호 활동을 하게 되면 구획에 다 말뚝 박아놓고, 지정을 해주는 거죠. 그러면서 자연보호도 하는 거고요. 장비들은 총무과에 가서 얻어 와요. 새마을 자조운동이죠.

네 좋은 말씀 감사합니다. 인터뷰는 이것으로 마치겠습니다.

이보규

"제가 계획 초안을 세운 사람이라서 머릿속에 다 있어요."

1942년 충청북도 괴산 출생
1966년 서울시 마포구 아현5동사무소 근무
1969년 국민대학교 행정학과 졸업
1973년 서울시 새마을지도과 근무
1974년 서울시 예산과 근무
1977년 영등포구 새마을과 과장(직대)
1979년 관악구청 새마을과 과장(파견)
1979년 서울시 새마을지도과 새마을지도계장
1985년 서울시 회계과 지출계장
1995년 서울시 송파구 총무국장
2001년 서울시 한강관리사업소장

면 담 자 유상수(여순사건위원회)
면담주제 서울시정과 공무원들(새마을운동 · 서울대공원)
면담날짜 2019년 5월 28일
면담장소 서울시우회 송파지회

서울시 도시새마을운동의 기획 실무를 담당하다

이번 면담은 '서울의 도시새마을운동'이라는 주제로 실시하는 서울역사편찬원의 구술채록사업입니다. 오늘은 이보규 선생님을 모셨습니다. 선생님께서는 1966년부터 서울시에서 근무를 시작하셨고, 서울시 새마을지도과 새마을지도계장, 회계과 지출계장, 송파구 총무국장, 서울시 한강관리사업소장 등을 역임하셨습니다. 우선 도시새마을운동이 추진되었을 당시에 대해 말씀 부탁드리겠습니다.

이보규라고 합니다. 제가 서울시에서 근무하기 시작한 것은 1966년부터였습니다. 도시새마을운동 관련 일을 맡은 건 1972년이었어요. 1970년에 본청 행정과로 갔거든요. 일단 행정과는 고유 업무보다 위에서 새로운 일이 떨어지면 그걸 주로 하는 거죠. 그런데 그 무렵에 새마을운동이 농촌에서 엄청나게 번져나가고 있었잖아요. 박 대통령이 추진하라고 해서 말이죠. 그러니까 서울시에서도 새마을운동을 해야 하는 거죠. 그런데 그 일을 할 부서가 없어요. 그러니까 다른 타과에 해당하지 않는 업무를 맡는 게 행정과라서 이쪽으로 일이 떨어지는 거죠.

새롭게 새마을운동 관련 업무가 오니까 선생님이 계셨던 행정과에서 그 일을 1차적으로 했던 거네요.

그렇죠. 그런데 행정과에서도 그런 일을 누가 하려고 하겠어요? 아무도 안 하려고 하죠. 그러니까 방금 들어왔고 말단인 제가 그 일을 맡은 거예요. 서울에서 새마을운동을 하는데 계획을 세우라고 한 거죠. 예를 들면 다음 주 월요일에 시장한테 보고하고, 좀 있다가는 대통령한테 보고해야 하니까 계획을 세우라고 하는 겁니다. 그렇게 작업이 떨어지면 퇴근을 못해요. 일단 그 직원은 집중해야 하니까 여관에 들어가요.

밤샘 작업을 하니까 그렇군요. 그런데 숙직실이 아니고 여관에서 일을 하나요?

숙직이 아니라 밥 먹고 자면서 그 일을 해야 하거든요. 사무실에서는 못해요. 밥상을 차릴 데가 없잖아요. 그러니까 여관에 가서 작업을 하는 거죠. 물론 비용은 자기 과課에서 뭐 출장비 같은 걸 받아서 충당하는 거죠.

그런데 새마을운동은 사실 농촌을 대상으로 하는 것이었잖아요. 서울 같은 경우에는 농촌이라고 볼 수는 없었을 텐데요. 어떻게 계획을 세웠나요?

일단 위에서 계획을 만들라고 했어요. 그래서 저랑 동료였던 홍대영 씨, 이렇게 둘이서 여관에 들어가서 작업을 했지요. 중간에 과장이나 국장이 와서 보고 가고 그랬어요. 8일간 집에도 못 가고 일을 했지요. 중간에 밥 먹고, 곰탕 시켜 먹고, 그랬어요. 일단 생각했죠. 전례가 없다는 걸 말이죠. 기초자료가 아무것도 없는 거죠.

그런데 당시 경제개발은 공업화거든요. 공장을 세우는 겁니다.

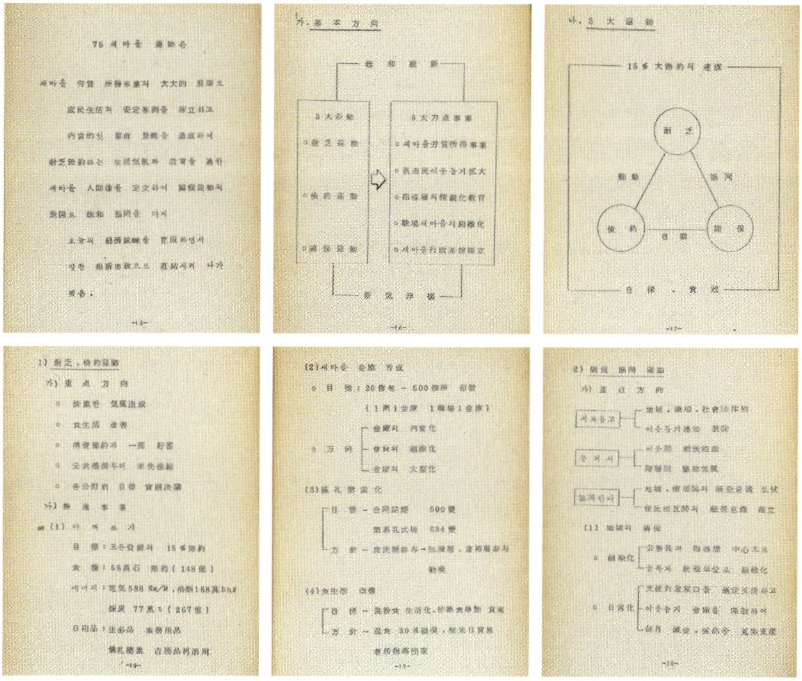

서울시 도시새마을운동 추진계획 관련 문서(1975년)

지역개발론적으로 보면 상대적으로 비용이나 다른 것들이 농촌으로 안 가게 되는 거예요. 농촌은 도외시되는 거죠. 그래서 이것을 공업 정책과 함께 끌어올리자고 한 것이 새마을운동인 거죠. 그래서 일단 농촌 마을에 시멘트를 준 거예요. 농촌 마을마다 335포대씩 준 거죠.

물론 어떤 마을은 무엇을 할까 회의만 하다가 비 맞아서 굳어 버리기도 했어요. 어디는 집집마다 나눠 가져서 자기 집 부뚜막에 바르기도 하고요. 그런데 그거 가지고 어느 마을에서는 시멘트 다리를 놨어요. 마을마다 똑같이 나눠줬는데 어느 마을은 효과가 엄청난 거죠. 그러면 그 알파효과가 어떻게 나온 것이냐? 분석해 보니까 그 마을 사람들은 우선 부지런했던 겁니다. 근면했습니다. 그리고 스스로 힘을 모아 서로 돕고 협동을 했고요.

이걸 박정희 대통령이 본 거죠. 그러면서 근면, 자조, 협동이 바로 새마을정신이라고 강조했어요. 그러니까 다음부터는 우수자마을, 기초마을, 자조마을, 협동마을, 이렇게 막 등급을 매겨서 500포대씩 더 주는 거예요. 마을마다 새마을운동이 벌어진 거죠. 그렇게 농촌에서는 "새벽종이 울렸네, 새벽종이 울렸네."를 불러대는 거죠. 그러니까 우리 서울에서도 뭔가 농촌과 발맞춰서 해야 한다는 거예요. 서울시에서도 새마을을 해야 하는 겁니다. 농촌이랑 환경이 다르더라도 말이지요. 서울에서 할 수 있는 새마을운동 추진계획을 만들라고 한 거죠.

일단 서울의 새마을운동은 대통령이 직접 지시한 사항이 아니라 서울시장이 계획을 세우라고 했던 거네요.

그렇죠. 서울시장이 만들라고 했던 거죠. 그때가 양택식 시장이었죠. 이제 그렇게 해서 제가 계획의 초안을 세웠던 겁니다. 그때 우선 제가 새마을운동을 크게 두 가지로 봤어요. 하나는 환경을 바꿔나가는 겁니다.

주거 환경을 말씀하시는 건가요?

주거 환경뿐만이 아니라 도로포장, 하수도시설, 녹지 환경 등

사람 사는 환경이 다 해당합니다. 그리고 다른 하나는 정신계발이에요. 그때 '계발啓發'로 할지, '개발開發'로 할지, 논의를 많이 했어요. 그때 '정신계발'이 맞다고 했던 거죠. 그래서 '계발'이라고 했던 겁니다. 그러면 정신을 계발하기 위해서는 무엇이 필요하겠습니까? 그걸 알아야 단위 사업을 만들 수 있어요. 첫째는 깨끗해야 한다는 거죠. 내 집 앞 쓸기를 하자. 그다음에는 혼자 잘 사는 사회가 아니라 자본주의 사회에서는 빈익빈 부익부를 막는 길이 있어야 한다고 생각했어요. 서로 도와야 한다. 그러니까 이웃돕기인 거죠. 그다음에는 뭐니뭐니해도 잘살기 위해서는 저축해야 하니까 1인 1통장을 갖자. 그다음에는 지역사회의 협동을 위해서는 동洞 단위로 학교와 연결해서 학교와 동사무소와 같이 1동 1자매 결연을 추진하자고 했죠.

새마을운동 관련 간담회를 하는 양택식 시장(1972년)

계획을 만들었을 때가 언제였나요?

1972년이었지요. 방금 말했던 거 이외에도 많이 있어요. 정신계발사업으로 내 집 앞 쓸기, 이웃돕기, 가정의례준칙 간소화, 식생활 개선, 합창 운동, 푼돈 모으기, 이런 것들이 정신계발운동의 첫 사업이라는 겁니다. 그리고 환경 쪽에서는 푸른 서울 가꾸기, 불량 건물 개량, 주민 자조 지원 사업, 새마을 골목정비사업이라고 했어요.

크게 보면 환경 개선과 정신계발, 이렇게 두 가지로 나눠 볼 수 있다는 거네요.

그렇죠. 그다음에는 질서를 지키기 위한 시민운동이었죠. 거리 질서 지키기, 상조 지키기, 부정식품 없애기, 퇴폐풍조 없애기, 휴지 안 버리기, 이런 게 또 하나였던 겁니다. 그리고 매월 1일을 '새마을의 날'을 만들자고 했습니다. 또 새마을 학교를 지정하고, 시민대학을 운영하자고 했죠. 지금 말하면 시민 아카데미 같은 거라고 할까요? 그리고 부녀자 계몽교육을 실시하자, 시민들을 초청해서 시정을 소개하자, 그러면서 모범 시민을 계속 발굴하자, 이런 것들을 계획했던 거죠.

계획을 위해서는 구호만이 아니라 조직도 있어야 일을 추진할 수 있을 것 같습니다.

맞아요. 이런 걸 추진하기 위해서 추진본부를 만들고 상황실도 만들자고 했죠. 제가 상황실 부서에 보고하는 일을 하는 거죠. 그렇게 기본계획을 세웠지요. 그러면서 서울시교육위원회랑 합작도 하는 거죠. 목표를 정해서 이웃돕기도 하고, 자매결연도 하고, 영세민 독지가를 부유층과 연결하자, 기업체 자매결연 맺자, 어서 가자, 영세민한테는 무료 의료를 확대하자, 가정의례 간소화에서는 합동결혼식을 하자, 매월 5일은 시민 결혼식을 하자, 뭐 이런 얘기를 했던 겁니다.

계획을 만들었을 때 반응이 어땠나요?

새마을 시민합동 결혼식(1976년)

당시로서는 획기적인 거지요. 그때가 분식과 잡곡밥 먹기 실천을 하던 때였어요. 쌀 대신 보리쌀하고 밀가루를 먹던 시대였어요. 분식운동[1]을 할 때였죠. 그래서 방금 말했던 것 이외에도 표준식단을 만들자, 가정에서는 20% 이상 혼합식을 하자, 잡곡을 하자, 도시락에 혼식 말고 쌀 없는 빵 싸기 운동, 이런 걸 전개하자는 것도 있지요. 이런 것들이 그 당시에 세웠던 계획의 모체였던 겁니다. 기본 틀이지요.

사업 항목들이 굉장히 많은 것 같아요. 하지만 어떻게 보면 그전에 시행되고 있는 사업들을 새마을운동이라는 카테고리에 모은 거라고 할까요?

맞아요. 새마을운동으로 포장을 한 거죠. 이미 부분적으로 하

1 혼분식장려운동은 1950~1970년대 식량 부족을 해결하기 위해 쌀 절약과 식생활 개선을 목표로 한 국가 주도 운동이다. 1950년대 후반부터 시작되었는데, 미국의 잉여농산물 원조로 밀가루 도입이 급증하면서 본격화되었다. 광복 이전인 일제강점기에도 절미운동이라는 형태로 실시되기도 하였다. 이러한 형태의 운동은 광복 후에도 계속되었고, 1970년대 새마을운동의 일환으로 더욱 강화되었다. 당시 박정희 정부는 부녀회, 학교, 관변단체 등을 통해 법령과 행정명령으로 그것을 추진하였다. 이후 쌀 소비량 감소와 식량 자급자족이 달성되면서 1980년대 이후 점차 사라졌다.

던 것도 같이 모은 거죠. 혼식운동 같은 것은 이미 하던 거니까요. 새마을운동으로 다 끌어모은 거죠. 모아서 새로 포장을 한 거죠. 그 속에 집어넣은 겁니다.

양택식 시장님의 반응은 어떠셨어요?

제가 직접 보고를 하지는 않았어요. 결재는 과장까지 들어가니까요. 시장 반응이 어땠는지는 자세히는 몰라요. 하지만 그게 통과돼서 그걸로 청와대까지 보고했죠.

청와대까지 보고가 되었다면 어쨌든 분위기도 좋았던 거네요.

물론이죠.

이야기를 들어보니 학창 시절에 4H운동에 참여하셨다고 하더라고요. 그런 경험이 도움이 되었나요?

맞아요. 제가 기본계획을 세울 때 그런 것들을 집어넣을 수 있던 것도 예전에 4H운동을 했기 때문이에요. 제가 충북 괴산에서 고등학교 다닐 때 4H클럽 회장을 했어요. 당시에 동네에 문맹이 많았어요. 그래서 제가 우리 또래 학생들을 모아서 문맹반을 만들고 영어반을 만들어서 중학교 진학을 못한 아이들을 가르치기도 했지요. 6·25전쟁 이후니까 어디나 마찬가지로 농촌이 서서히 움트는 기운이 있었죠. 그것도 학교에서 만든 게 아니고 제가 독려해서 만들었어요. 학교 애들도 있었고, 학교 안 다니는 애들도 있었고요. 남자 여자 다 합쳐서 40명은 넘었던 것 같아요. 저희 집 마당에 간판도 붙이고 노래도 부르고 그랬죠.

집에서는 뭐라고 안 했나요?

아버지가 이장이었거든요. 아버지도 당시에 이장도 하면서 산림山林조합장, 학교사친師親회장, 이런 일들을 했거든요. 자연스럽게 했던 거죠. 그거에 영향을 좀 받았던 것 같아요. 그게 저한테 새마을운동을 추진할 때 굉장히 도움이 됐던 거예요. 4H운동 할 적에 했던 걸 많이 가미했습니다. 《상록수》 아시죠? 농촌계몽, 저축통장, 폐지 활용, 그런 게 다 새마을운동의 일환이었던 겁니다. 이미 다 하고 있던 걸 모은 거죠.

선생님이 계획을 세울 때 다른 도청이나 다른 곳에서 추진하고 있던 새마을운동 자료를 참조하신 건 있었나요?

없었어요. 다른 지역 사례를 참고하지 않았죠. 자료를 받은 것도 없었고요. 그리고 이제 진행되면서 나중에는 부분적으로 학교새마을운동, 은행새마을운동, 직장새마을운동, 직능단체 새마을운동 등등, 요식업계까지도 뭐 이거를 단위 업무로 만들었어요. 공장새마을운동도 있지요. 종업원의 후생 복지를 증진해 줘라, 그리고 종업원들은 주인의식을 갖자. 뭐 이런 주인의식 이야기도 많이 나오고 그랬어요. 기본계획을 그렇게 만들었던 거죠.

1950년대부터 한국 사회에 지역개발론[2]이라는 이론이 도입되기 시작합니다. 어떻게 보면 새마을운동이 그것을 차용한 면도 있었던 거 같습니다.

그랬던 것 같아요. 실은 제가 나중에 5급 사무관 시험을 볼 때 과목이 지역개발론이었어요. 물론 직접적인 연관은 없어요. 그런데 새마을운동도 큰 카테고리에서는 지역개발인 거죠. 실제로 그때는 승진시험을 위해 공무원들이 고시학원을 등록하거든요. 거기서 강사들이 행정법, 행정학, 지역개발론, 이런 과목들을 가르친단 말이에요. 근데 거기 그 고시학원 선생들이 사용하는 교재가 있잖아요. 교재를 받아보니까 제가 계획으로 세웠던 학교새마을운동, 농촌새마을운동, 도시새마을운동, 이런 게 다 거기에 인용해서 들어가 있더라고요.

본인이 다 짜 놓은 계획이 시험 과목 내용이었군요.

그렇죠.

2 지역개발론은 특정 지역의 경제적, 사회적, 환경적 발전을 촉진하기 위한 이론과 실천 방안을 연구하는 학문 분야이다. 그 목표는 다양한 학문적 접근과 방법론을 사용하여 지역 내 자원의 효율적 활용과 지속 가능한 발전이다. 주민들의 삶의 질을 향상시키기 위한 노력과 과정을 의미하며, 도시·농촌 등 모든 지역에서 기본적인 삶의 질을 보장하고자 한다. 국제적으로 보면 1930년대부터 시작된 지역개발에 대한 관심은 1960~1970년대 개발도상국 문제로 주목받았고, 1990년대 이후에는 EU의 확대와 세계화로 인해 지역의 중요성이 커졌다. 지역개발 이론도 국가와 정부의 역할을 강조하는 하향적, 외생적 발전론에서 지역의 역할과 물적 사회적 자원을 중시하는 상향적, 내생적 발전론으로, 그리고 경제성장 우선 개발론에서 경제발전 사회발전 환경보전을 동시에 보장하는 지속 가능 발전론으로 진화하였다.

도시새마을운동 기본계획의 특징

이번에는 아까 말씀하셨던 기본계획의 구체적인 내용에 대해서 질문을 드릴게요. 먼저 기본계획을 보니까 정신계발이 제일 먼저 나옵니다. 정신계발을 먼저 내세웠던 이유가 있나요?

새마을운동도 큰 틀에 보면 결국은 잘 살기 위한 국민운동이거든요. 그러면 우선 정신이 있어야죠. 그게 없으면 행동은 없어요. 민주주의 국가에서 제일 중요한 게 그겁니다. 청소도 환경운동의 정신운동입니다. 이웃돕기도 소위 빈부격차 없애기 위한 정신운동이라고 할까요?

그러면 이웃돕기는 구체적으로 어떤 걸 했나요?

예를 들면 이웃돕기는 얼마나 걷어서 얼마나 나눠줬는지, 그 실적을 따졌어요.

성금 내는 걸 적극적으로 권장했다는 거네요.

그렇습니다. 예를 들면 결혼식 끝나고 부조금 받은 거 얼마를 동사무소 갖다 내는 겁니다. 그러면 그걸 영세민들에게 나눠주는 거죠. 이게 행정 실적으로 나오는 겁니다.

저축 운동 같은 경우에도 1970년대 초반부터 많이 추진했던 것 같습니다. 혹시 새마을운동과 관련해서 통장을 만들거나 은행에서 혜택을 더 주는 건 없었나요?

일단 저축 운동도 새마을운동으로 끌어들였죠. 저금통장을 나눠주는 겁니다. 1인 1통장 갖기 운동 같은 거였죠. 다만 새마을운동이랑 직접적으로 연관시켜서 하지는 않았어요.

통상적으로 어느 계획이든지 초안에서 최종안으로 가면서 실제로 일정 부분 수정이 이뤄집니다. 도시새마을운동도 기본계획 초안을 세운 다음 실제 최종적으로 계획이 확정되기까지는 어느 정도 수정이 이뤄졌을 것 같습니다.

처음 여드레 정도는 과장이 현장에 와서 "너 이거 빼라, 이거 넣어라." 그러면서 수정을 막 했죠. 그렇게 한 다음에 발간실에서 필경사가 와서 계획서 글씨를 쓰는 거고요.

새마을의 날을 제정하자는 것도 말씀하셨는데요. 그건 서울시 차원에서 한 추진한 건가요?

그건 서울시에서 따로 한 거예요. 아마 다른 시·도들도 따로 있을 거예요.[3]

3 당시 서울시는 매월 1일을 '새마을의 날'로 정하고 생활 주변 환경정화를 위한 갖가지 행사를 벌였다. 또한 해당 일에는 대청소, 이웃돕기, 하천 준설 등 10여 개 사업을 집중적으로 추진하였다.

새마을의 날 거리 청소(1978년)

강의 같은 경우에는 새마을운동에 대한 교안을 만들기가 쉽지 않은 상태였을 것 같습니다.

기존 교양강좌 때 하던 것을 새마을운동사업으로 연결시켰어요. 원래 하던 사업이지만 새마을운동사업에 넣은 거죠. 그러면서 이름을 '시민대학'이라고 그랬어요.

이번에는 예산에 대해서 질문을 드릴게요. 기존에 있던 사업들을 새마을운동으로 엮은 거라고 하셨는데요. 그러자면 각 부서가 담당하고 있던 업무를 가져오는 형태가 될 것 같아요. 그렇다면 여러 부서가 하던 사업들의 예산도 새마을과가 가져왔을 것 같습니다.

그렇지는 않았어요. 예산이 새마을운동으로 배정되는 건 아니었어요. 원래 부서의 예산은 그대로 집행되는 거죠.

기존 부서가 맡고 있던 업무 자체를 새마을과가 가져오는 형태가 아니었다는 거네요.

그렇죠. 새마을운동은 제가 담당하지만, 해당 업무 자체를 제가 직접 하는 건 아니에요. 기존에 하고 있는 걸 새마을운동으로 묶어서 실적 보고를 하는 거죠. "오늘은 몇 명이 왔다. 나무 몇 주株를 심었다. 저축을 얼마큼 했다." 이렇게 말이죠.

그쪽 부서에서는 새마을과에 있는 선생님한테 보고를 해야 하는 체제로 바뀌는 거군요.

맞아요. 그렇게 바뀌는 겁니다. 그러니까 상황판을 쭉 만드는 겁니다. 구청장들이 본청에 오면 그것부터 봐요. 자기들은 몇 등인지, 실적이 얼마나 되는지, 꼴등이면 구청에 돌아가서 직원들 막 기합 주는 거죠. "야, 그거 왜 우리가 꼴찌냐? 왜 이웃돕기가 성적이 모자라냐? 왜 우린 주민자치사업 예산이 이렇게 모자라냐?" 뭐 이렇게 말이죠. 일단 실적으로 나타나는 거니까요. 그리고 이게 시에서 지시하는 사업이니까 사람들이 꼼짝할 수 없는 거죠.

혹시 구청장 같은 분들이 선생님한테 잘 보이려고 금일봉 같은 걸 주진 않았나요?

그런 차원은 아니었고요. 구청장들이 가끔 저한테 용돈을 주고 그랬지요. "야, 밥 먹어."라고 하면서 말이에요. 물론 큰돈은 아니고

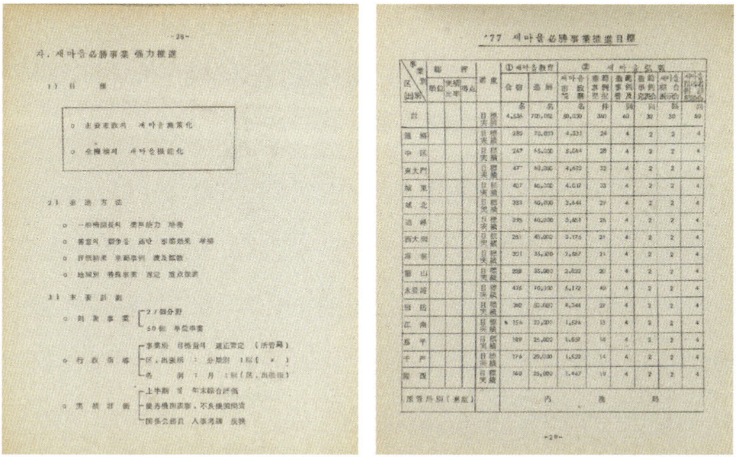

각 구청별 새마을 필승사업 추진 실적 관련 문서(1977년)

자기 주머니에서 지금으로 치면 2만~3만 원 정도 꺼내서 밥 먹으라고 주고 그랬어요.

직능단체들도 새마을운동에 참여하는데요. 그것도 서울시에서 관할을 하나요?

자유총연맹, 재향군인회, 반공연맹, 이런 곳들도 자기네들이 나름 새마을운동 계획을 세우는 거죠. 서울시에서는 보고서를 받아서 취합하고요. 보고서 틀에 맞춰서 보고하게 하는 거지요. 나중에 감사를 나가면 그걸 보고할 때 제대로 작성한 건지 따지는 거고요.

혹시 새마을운동이 잘되는 곳 같은 데는 예산지원도 더 해주는 방식은 없었나요? 공장새마을운동 관련해서 서울시에서 뭔가 특별하게 더 지원하는 형태로 말이죠.

공장새마을운동은 주로 우리가 사례 발표를 했어요. 우수한 곳은 표창을 주고요. 상금은 없고, 상장 같은 걸 줬어요. 예를 들면 당시에 대원교통[4]이라고 있었어요. 버스운수회사죠. 회사에서 종업원들한테 유니폼을 다 사줬어요. 또 후생 복지라고 해서 차장 안내양들 전원 기숙사를 줘서 생활하게 해주고, 옷도 주고, 생일 때 잔치도 하고, 야간학교도 보내주고, 회사가 사원들에게 해주는 거죠. 그걸 새마을운동이라고 보고하는 거죠. 사측에서 후생 복지를 위해서 무얼 얼마만큼 했는지, 이게 실적으로 나오는 거죠. 그리고 사원들도 자기들끼리 얼마를 도와줬다. 어떤 사람한테 얼마씩 해줬다. 어디에 연탄을 사서 줬다. 성금을 얼마 모았다. 그런 것들이 다 새마을 실적으로 들어간 거죠. 그렇게 해서 새마을운동 사례라고 표창을 받았지요. 거기 사장이 권영우 씨였거든요. 대통령 표창을 받았어요.

서울시에서 공장새마을운동을 추진했을 당시 회사들이 협조를 잘했나요?

잘했어요. 사기업이라고 해도 정부가 말하면 꼼짝을 못했거든요. 그 당시만 해도 어느 누가 새마을운동을 외면하고 안 하겠어요?

---

4 대원교통은 성동구 성수동에 본사를 둔 서울시 시내버스 운송업체로 1974년 설립되었다. 현재 KD운송그룹 계열사인 대원여객의 전신이다.

서울시 직장새마을운동 비교평가대회(1976년)

그러네요. 당시에는 대통령이 새마을운동에 제일 관심이 높았으니까요.

그때 동아건설의 최원석 씨가 새마을운동 지도자 교육을 받으러 왔던 적이 있어요. 그런데 그 양반이 태어나서 처음으로 자기 이불을 갰다고 합니다. 새마을교육을 받으러 와서 새벽에 일어나서 보건체조하고, 이불도 개고, 청소 검열도 받고 그랬어요.

이번에는 다시 계획과 관련해서 질문을 드릴게요. 1972년에 도시새마을운동이 시작되었다면 매년 계획을 세워야 할 것 같습니다.

맞아요. 매년 계획을 세우지요. 사업을 보완하기도 하고, 용어를 바꾸기도 해요. 10개였던 걸 6개로 함축하기도 하고, 물론 나쁘게 말하면 뭐 다 말장난이라고나 할까요? 현장에서는 계획대로 딱 이루어지는 건 아니었으니까요. 근데 그걸로 실적을 평가한다고 해서 구區별로 상황판을 만든 거죠. 필승사업평가라고 해서 그걸로 구청장들이 능력을 평가받고 그랬던 거예요.

새마을지도자들의 역할과 중요성

새마을운동 관련 이야기들을 들어보면 농촌의 경우에는 새마을지도자의 역할이 중요하다고 하더라고요. 그런데 도시의 경우, 특히 서울 같은 곳은 새마을지도자의 위치나 역할이 조금 애매할 것 같다는 생각이 듭니다.

일단 서울도 농촌 지역과 마찬가지로 새마을지도자로 인정을 받으면 위촉장을 줘요. 동사무소에서 주관하는 통장이 있고, 새마을지도자가 있는 거죠. 지역 주민을 위해 일하는 겁니다. 그런데 한 번은 감사를 나갔는데 어떤 새마을지도자가 힘들다고 하더라고요. 그러면서 "통장이 높습니까? 새마을지도자가 높습니까?"라고 저한테 물어보는 거예요. 제가 담당이니까 물어보는 거죠. 일단 답변하기 애매할 땐 상대방에게 물어봐야 해요. "당신은 어떻게 생각하느냐?"라고 말이죠. 그러니까 자기는 새마을지도자가 높다고 생각한다고 하더라고요.

이유가 뭐냐고 물어보니까 "통장 위촉장은 구청장이 주는데 새마을지도자 위촉장은 시장이 준다. 그러니까 새마을지도자가 높다."라는 거예요. 그러면서 "지도자라는 이름으로 뽑는 사람이 대한

민국에 누가 있냐? 대통령을 지도자라고 한다. 그리고 두 번째가 새마을지도자다."라는 겁니다. 그래서 저도 그랬죠. "지도자는 계급이 안 높다. 때로는 앞에서 끌고 나가고, 뒤에서 밀고, 그게 지도자다. 지도자는 그냥 실행하는 거다. 지도하는 일로 대가를 받는 게 아니다, 직업이 아니다."라고 말이죠.

1972년도부터 도시새마을운동이 시작되는데요. 서울시에도 바로 새마을지도자들도 임명되나요?

그렇죠. 다 임명했습니다. 조직이 있으니까 임명해야죠. 그리고 새마을부녀회도 있었어요. 그걸 나중에 새마을지도자로 다 흡수했죠. 통마다 부녀회장이 있고 새마을지도자가 있는 거죠. 새마을부녀회, 새마을지도자, 여자는 부녀회라고 했고, 남자는 지도자라고 했던 거고요.

그러니까 여성 같은 경우에는 새마을부녀회라고 따로 만드는 게 아니라 부녀회에서 새마을운동을 하는 걸로 가는 거죠?

맞아요. 부녀회가 새마을운동을 하는 겁니다.

그러면 새마을지도자 연수는 언제부터 시작된 거예요?

거의 새마을운동을 시작하면서 바로 시작했던 걸로 기억해요. 공무원들의 경우에는 한남동에 서울시 교육원이 있었거든요. 거기서 받았지요. 그런데 거기는 새마을교육만 전담한 건 아니라서 다른 교육을 받으려고 들어오는 사람들도 많았지요. 그래서 거기에 온 모든 사람한테 새마을교육을 시켰어요. 개별 과목으로 말이에요. 2시간 정도였을 겁니다.

새마을운동이 시작되는 초창기에 교육은 어떤 분들이 담당했어요.

대개 공무원 교육 강의는 사무관이 해요. 5급이에요. 새마을교육이니까 새마을과장이 시켜야 되겠죠. 그런데 실제 새마을과장이 자기가 강의 준비를 하니까 15분 이상 못하겠다고 하더라고요. 그래서 처음 15분은 그 양반이 원론적인 걸 말하고, 실무적인 것은 실무자가 강의한다고 해서 제가 했어요. 제 머릿속에 다 있으니까요. 제가 계획을 세운 사람이기 때문에 얼마든지 설명할 수 있는 거죠. 아무 때나 분필 하나 들고 가면 할 수 있어요. 지금도 1~2시간 강의는 바로 할 수 있어요.

도시새마을운동의 주요 사업들

농촌 지역에서는 새마을운동을 하면서 지붕을 개량하는 사업들도 했습니다. 서울시에서도 그런 형태의 주택개량사업을 했나요?

현지 개량사업이라고 있었죠. 그냥 집을 그대로 둔 채로 지붕의 루핑roofing을 없애는 겁니다. 우리가 알고 있는 슬레이트 지붕은 골조가 있죠. 대신 루핑은 그냥 종이에 기름을 묻힌 거예요. 비가 안 새게끔 하는 거죠.

원래 있던 지붕의 루핑을 걷어내고 슬레이트를 씌우는 건가요?

그렇죠. 루핑을 걷어내고 이제 슬레이트를 얹히는 겁니다. 새마을운동이라고 하면 으레 슬레이트가 나오는 거죠. 하여튼 지금은 발암물질이 돼서 다 없어졌지만요.

석면 문제 때문에 그랬죠.

맞아요. 석면이었죠. 그때는 몰라서 슬레이트라고 하면 아주 좋게 생각했어요. 농촌의 주택개량도 전부 그걸로 했으니까요. 서울시도 그랬던 겁니다.

농촌은 초가를 걷어낸 거고, 서울은 루핑을 걷어낸 거군요. 그리고 양쪽 다 슬레이트 지붕으로 바꾸었고요.

그렇죠. 그게 주택개량 사업이었죠.

혹시 골목정비사업도 새마을운동 차원에서 이뤄졌나요?

일단 골목 정비를 하려면 구청에서 예산을 올려야 해요. 서울시에서 돈을 주는 거죠. 그런데 포장하는데 예산을 주려고 해도 논리가 있어야 합니다. 동의 인구수, 그러니까 혜택을 받는 인구수가 얼마큼인지 제시해야 하는 거예요. 제가 새마을 담당이었잖아요. 당시에 예산을 따져 보니까 서울시 전체 건설 사업비 중에서 뒷골목 사업에 투자하는 게 10억 원 정도였어요. 하수도 만드는 거랑 포장하는 돈이에요. 일단 각 구청에 공문을 다 보냈어요. 그래서 합산하니까 350억이 필요하더라고요. 제가 그때 신림동에 살고 있었거든요. 1년에 10억 원씩으로 해서 우리 집 앞까지 포장하려면 35년 뒤에나 가능하겠더라고요. 우리 애가 나중에 결혼할 때까지도 안 되겠더라고요.

기존 예산만 가지고는 골목길은 포장이 안 되는 거네요.

이게 어느 천년에 기다리겠어요? 그런데 당시 농촌에서는 새마을운동을 하니까 잘되고 있었잖아요. 잘하는 데는 500포대씩 주고 말이에요. 거기는 시멘트만 줘도 하는 거죠. 그래서 제가 머리를 썼지요. 동네가 부자 동네가 있고, 가난한 데도 있죠. 그러면 일반적으로 부자 동네는 그네들한테 돈을 좀 많이 내라고 해요. 일반적으로는 50%만 내라고 해요. 그러고 서울시 예산, 시비는 50% 준다고 하죠. 대신 부자 동네는 30%만 주는 겁니다. 그리고 주민부담금이 확보된 곳에 우선 집중해 줘라. 이러면 주민들이 부담하겠다고 하면 나머지는 시비로 지원되는 거죠. 새마을운동을 통한 뒷골목 제도화 방안이라고 겁니다. 제가 아이디어를 냈죠. 덕분에 단위업무개선 발표에서 제가 서울시에서 1등을 해서 상금을 받아 TV를 샀지요.

서울시에서는 처음으로 주민분담금을 통해서 한 거네요.

그렇죠. 주민부담금제를 시작한 겁니다. 나중에 새마을운동사업을 평가할 때 뒷골목 사업에 몇 건을 했는지, 주민 부담이 얼마인지에 따라서 평점이 높아졌죠.

가로 정비 모습(1975년)

그러면 자연스럽게 의문이 생깁니다. 지금은 지역 주민들이 부담금을 내서 도로 포장이나 하수도 공사 같은 걸 하는 게 지금은 없잖아요. 그리고 도시랑 농촌은 조금 다르고요. 농촌에서는 주민들이 모두가 함께 농사를 지으니까 농사일을 위해서 길을 닦는데 노동력을 투입할 수도 있습니다. 그런데 도시의 경우에는 공장에서 일하는 사람들이 많잖아요. 그런 사람들이라면 부담금을 내라고 하면 불만을 가질 것 같습니다. 실제로 농촌의 경우에도 그런 일에 자기 돈이나 본인의 노동력을 투입되는 것에 구성원 모두가 일괄적으로 찬성한 것은 아니었으니까요.

그러니까 지도자가 필요한 겁니다. 지도자가 똑똑한 사람이면 자기들 골목을 먼저 합니다.

새마을지도자가 중요하다는 거네요.

물론 이게 나중에 문제도 되기도 했어요. 왜냐하면 도시계획상의 도로가 아니었던 게 많았거든요. 주로 관습도로였습니다. 도시계획으로 되어 있는 게 아니었어요. 사람들이 관행으로 다니는 길이었던 거죠.

혹시 사유지를 포장해서 문제가 생겼던 건가요?

맞아요. 하여간 이걸 포장하면 보상을 줘야 하잖아요. 그런데 여기서 기부채납을 하면 그냥 포장할 수가 있었어요. 그러면 구청에서는 빨리 분할처리를 해야 해요. 구유지區有地에 등록을 하는 거죠. 도로는 구유지잖아요. 그런데 구청의 담당자들이 포장 다 해놨는데 등록 업무를 안 해 놓은 게 많았어요. 그래서 이것 때문에 소송이 많이 걸렸어요. 이런 땅만 사서 부자 된 사람들도 좀 있었어요.

원래 집주인은 도로를 내도 좋다고 했던 거잖아요.

그렇죠. 그래서 구청에서 돈을 줬죠. 그런데 나중에 다른 사람들이 주변 땅을 사보니까 자기 땅인데 거기에 도로가 나 있는 거예요. 그러니까 이 사람들이 길을 막는 거예요.

그러면 도로에 해당하는 땅의 소유권은 그 사람한테 있는 건가요?

문제는 기부채납을 했는데 제대로 등록을 안 해서 그런 거예요. 그리고 방금 말했듯이 관습도로 자체가 도시계획이랑 다른 것도 문제고요.

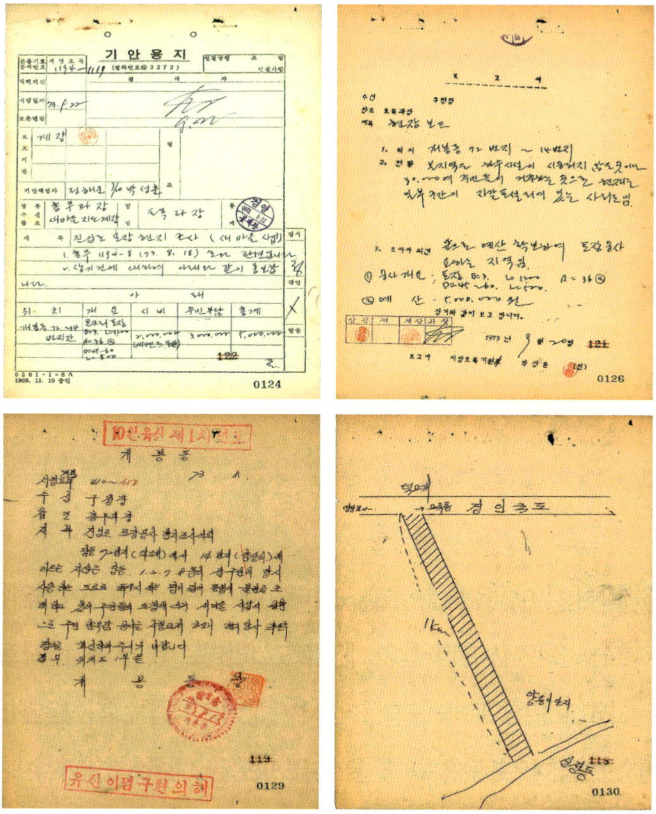

진입로 포장 새마을 사업 관련 현지 조사 공문(1973년)

행정 처리가 문제였다는 거네요. 전산화도 안 되어 있던 시절이기도 했고요.

그렇죠.

어쨌든 그 사업이 그래도 골목들을 포장하는데 큰 도움이 되었겠네요.

그렇죠. 지금은 다 포장되어 있으니까요. 그때 한창 많이 했어요. 그리고 동시에 동네마다 전부 환경개선을 한다고 간판도 뜯어고

치고, 나무도 심고, 생활 열기가 높았죠.

원래 서울의 도심이라고 불리던 종로구나 중구 같은 곳도 골목길들은 포장이 잘 안 돼 있었나요?

골목은 종로나 중구도 안 된 곳이 많았어요. 그때는 보도블록이 없었잖아요. 보도블록을 사주고 공사는 자기들끼리 하라고 하는 거죠.

보도블록을 받으면 주민들이 하는 건가요?

거기부터는 자기들이 이제 흥정하는 거예요. 구청에서 주민부담금을 받으면 입찰을 받아서 업자를 쓰는 거죠. 업자가 공사 금액에 맞춰서 설계해서 입찰하는 거죠.

도시새마을운동 담당 부서의 변화

이번에는 행정 조직에 대해서 질문을 드릴게요. 당시 새마을운동을 서울시 내무국 행정과에서 추진합니다. 그리고 그 밑에 새마을지도과나 새마을과라는 것이 생기는 것이 맞나요?

시도에는 새마을지도과가 생기고 구청에는 새마을과가 만들어집니다. 시청의 경우에 과장은 서기관이고 사무관 두 사람이 이제 계장이죠. 밑에 직원들은 17명 정도 발령이 났을 거예요.

새마을지도과도 내무국 안에 있는 거죠?

내무국 안에 있었죠.

새로운 부서가 생겼다면 혹시 기존에 있던 과課 중에 없어진 경우가 있나요?

그럴 수도 있죠. 다른 작은 부서를 통합하는 경우도 있고요. 회계1과, 회계2과로 나눠져 있는 걸 회계과로 합치거나, 이런 구조 조정을 지금도 하잖아요. 그리고 새마을과도 예전에는 새마을사업과랑 새마을지도과로 나눠져 있었어요.

새마을 관련 부서가 2개나 있었나요?

맞아요. 새마을지도과에서는 정신에 관한 교육 같은 걸 하는 거고요. 새마을사업과에서는 주택개량, 그러니까 현지개량이라고 해서 주택의 취약구조 개선 사업 같은 거 하죠. 그리고 마을금고도 운영하고요. 지금의 새마을금고 같은 걸 말이지요. 그때는 시에서 관여했거든요.

새마을금고는 언제 만들어진 거예요?

그것도 1970년대에요. 물론 중간에 사고도 많이 났지만요. 어쨌든 은행에 가려고 해도 푼돈이니까 마을마다 새마을금고를 만들어서 주민들끼리 모여서 걷고 저축하고 했던 거죠. 융자도 해주고요. 물론 그러다가 농협하고도 갈등이 생기기도 해요. 일단 '새마을금고법'이라는 법이 없잖아요. 신용협동조합인 거죠. 그래서 〈신용금고법〉에 의해서 새마을금고를 만든 거예요. 신용금고에 새마을이라는

새마을금고 창구 모습(1979년)

글자만 붙였죠.

처음 새마을과 직원 규모가 17명 정도라고 했는데요. 업무량에 비교할 때 규모가 큰 편이었나요? 아니면 작은 편이었나요?

업무량에 비교하면 작은 편이었어요. 물론 새마을과 밑에는 지도계랑 교육계가 있었고요. 저 같은 경우에는 지도계장으로 갔던 거고요.

어쨌든 실제 새마을운동을 추진할 때 동사무소 조직의 역할이 꽤 컸을 것 같습니다.

일단 동사무소의 동장이 중요해요. 새마을운동이었지만 일단 동사무소 직원들이 많이 했어요.

새마을지도자들이 통반장들이 겸하는 경우가 많았나요?

당시에는 겸하지 못하게 했어요.

새마을지도자한테 서울시에서 활동비 같은 것을 지급했나요?

전혀 없었어요. 말 그대로 봉사였어요. 통장들의 경우에는 민방공훈련대장 같은 거 맡으면 조금씩 주는 게 있었거든요. 그런데 새마을지도자들은 없었어요.

서울시에서 지급한 건 아무것도 없는 거예요?

위촉장을 주는 거지요.

그럼 지원하는 사람이 많았나요?

시키고 뭐 타의 반, 자의 반, 이렇게 하는 거죠.

본인이 하겠다고 하면 시키는 거고, 그렇지 않으면 주민들이 추천한다거나 하는 방식으로 했다는 거군요.

대략적으로 그렇죠. 그러니까 이제 뭐 하거나, 차 마시다가 동장이 "당신 새마을지도자하쇼." 이러면 하는 거고요.

그렇다면 기존에 서울에 있던 사회단체들의 역할이 중요했을 것 같습니다.

일단 서울시라는 하나의 거대한 조직이 움직이려면 1~2명이 움직인다고 되는 게 아니에요. 각 분야별로 새마을이라는 큰 틀에서 나무 심는 사람, 주택 개량하는 사람, 질서 확립하는 사람, 간판 고치는 사람, 뒷골목 정리 사업하는 사람, 뭐 이웃돕기 하는 사람, 이게 다 어울려서 하나의 틀 속에 새마을운동을 하는 겁니다. 그렇게 하면서 서울이 발전해 갔던 거고요. 그리고 매달 새마을의 날이 되면 시청 전 공무원이 동사무소에 가서 새마을 청소를 했어요. 그걸 다 한 다음에 시청으로 출근했지요.

출근하기 전에 동사무소 구역을 나눠서 청소했군요.

거기서 참가증 받아서 내는 거죠. 인사과에 내는 거예요.

혹시 공무원 인사고과에 반영이 되는 건가요?

한다고는 했는데 반영하지는 않았어요. 그렇게 해서 겁을 줬지요. 그래야 열심히 하거든요. 시청이나 구청 직원들이 다 봉사 나가서 청소하고 동장한테 확인증을 받아오는 거죠.

1980년대 이후의 새마을운동

1979년에 박 대통령이 돌아가시면서 혼란스러운 시기가 찾아옵니다. 일반적으로 그때부터 새마을운동이 약화되었다고 합니다. 실제 실무에 계셨던 선생님도 그런 걸 느끼셨나요?

그렇죠. 제가 새마을지도계장을 할 때 박 대통령이 서거했잖아요. 그때부터 새마을운동이 사양길로 갔던 것 같아요. 일단 최규하[5] 대통령 때부터 새마을운동이 자연보호운동으로 바뀌었어요. 자연보호운동이 박 대통령 말기부터 강조되기는 했어요. 그런데 자연보호랑 새마을운동은 조금 다른 면이 있었죠. 그냥 도봉산이나 관악산 등에 쓰레기 줍고 청소하러 다니는 거죠.

그런데 그 무렵에 대통령 수행과장이라고 동행했더라고요. 최규하 대통령이 새마을운동을 시찰한다고 나오셨습니다. 자연보호운동하는 걸 시찰한다고 도봉산에 왔거든요. 그때 대통령을 수행하러 온 사람이 바로 전경환이었어요. 그때 제가 서울시 담당 새마을지도계장으로서 브리핑 게시판을 들고 현장에 있었습니다.

---

5 최규하(1919~2006)는 대한민국 제10대 대통령이다. 대통령 재임 기간은 1979~1980년이다. 헌정사상 정당에 관여하지 않은 직업공무원으로 대통령이 된 첫 인물이다. 강원도 원주에서 태어나 도쿄고등사범학교와 만주 대동학원을 졸업하였다. 광복 후 서울사범대학 교수와 농림부 양정과장을 거쳐 외무부 장관 및 국무총리 등을 역임했다. 1979년 10·26사태 후 대통령 권한대행을 맡았고 1979년 12월 6일부터 제10대 대통령이 되었으나, 12·12사태 이후인 1980년 8월 16일 대통령직을 사임했다. 이후 국정자문회의 의장 등을 지내다 2006년 별세했다.

아, 대통령 동생이있던 전경환 씨가 거기서 등장하네요.

맞아요. 전경환을 제가 그때 처음 봤어요. 나중에 그 사람이 새마을회장을 하는 거죠. 근데 그 사람이 무슨 비전을 가지고 새마을운동을 하겠어요? 그리고 그때 또 법을 만들었어요. 〈새마을지원법〉[6]이라고 있어요. 공무원도 파견할 수 있고, 정부 예산을 100% 지원해줄 수 있고, 모든 공공시설을 무상 사용할 수도 있고요. 그러니까 새마을운동이 관官에서 독립해서 나간 거죠. 물론 정부도 해요. 하지만 핵심축은 그쪽으로 넘어간 거죠. 내무부에서 하던 것들이 말이죠.

전경환 씨가 새마을중앙회로 독립을 해 나갔다면 공공기관의 조직들은 어떻게 되었나요? 새마을 관련된 부서가 없어지는 거예요?

기능은 있지만 중심축이 그리로 옮겨간 거죠. 이름은 남아 있었어요. 새마을과는 남아 있죠. 하지만 이제는 각광받지 못하는 거죠. 힘이 없는 부서가 되는 거죠.

새마을중앙회가 만들어졌을 때는 그쪽으로 예산도 많이 지원했나요?

〈새마을지원법〉에 의해서 많이 줬죠. 서울시 직원들도 파견되

---

6 1980년 12월 13일 제정된 법률 제3269호 〈새마을운동조직육성법〉으로 약칭 '새마을조직법'으로 불리기도 한다. 새마을운동조직을 지원·육성하여 새마을운동의 지속적인 추진과 국가·사회발전에 기여하는 것을 목적으로 한다. 이에 따르면 새마을운동조직은 주무부장관의 인가를 받은 법인으로 정의되며, 국가와 지방자치단체는 필요한 비용을 지원할 수 있다. 국가·공공단체는 재산을 무상 대부하거나 양여할 수 있으며, 정부는 조세감면 혜택을 제공할 수 있다. 새마을운동조직은 필요 시 자료 제공을 요청하고, 홍보지를 발간할 수 있다.

었고요. 일단 공무원 신분으로 거기 가서 새마을 사업을 했지요.

그런 사례가 있나요? 공무원들이 민간단체로 가서 파견근무를 하는 경우가 말이죠.

올림픽조직위원회도 그렇게 했으니까요. 엑스포나 박람회도 그렇게 했고요. 공무원들이 가서 일해주는 거죠. 물론 그런 것들은 날짜가 딱 정해져 있으니까 끝나면 원대복귀를 하죠.

그런데 새마을운동은 계속 사업이니까 좀 오랫동안 순환근무를 했던 거네요.

그렇죠. 물론 나중에 보니까 다들 귀환하더라고요.

이제는 공공기관에서 새마을 관련 조직은 거의 없는데요. 언제부터 조직들이 통합되거나 없어졌나요?

없어진 건 아니고 나중에 이름이 바뀌었어요. '국민운동지원과'로 말이죠. 아마 이원종[7] 시장 무렵이었던 것 같아요. 제가 4급 서기관이 되었을 즈음이었거든요. 1992~1993년 정도였을 겁니다.

네 좋은 말씀 감사합니다. 인터뷰는 이것으로 마치겠습니다.

---

7 이원종은 제27대 서울특별시장이다. 1942년 충청북도 제천 출생으로 1993년 3월 8일부터 1994년 10월 21일까지 서울특별시장으로 재임하였다. 각종 규제 제도, 법령, 운영 방법 등을 재검토하여 시민 위주의 쇄신 방안을 마련하였으며, 제2기 지하철과 고속도로 건설에 역점을 두고 정책을 추진하였다. 이외에도 제3기 지하철 건설계획을 확정하였다. 하지만 재임 중이었던 1994년 10월 성수대교 붕괴사건이 일어나면서 시장직에서 경질되었다. 이후 충청북도지사, 지역발전위원회 위원장, 대통령 비서실장 등을 역임하였다.

조성린

"새마을운동을 독려하기 위해 새마을필승사업을 했지요"

1948년 서울시 영등포구 영등포동 출생
1968년 성북구 종암동사무소 근무
1976년 서울시 새마을지도과 근무
1989년 서울시 전자계산소 운영과장
1993년 서울시 감사담당관실 계장
1994년 서울시 건설안전본부 서무과장
1998년 서울시립대학교 총무과장
2003년 종로구청 건설교통국장

면 담 자 유상수(여순사건위원회)
면담주제 서울시정과 공무원들(새마을운동 · 서울대공원)
면담날짜 2019년 9월 11일
면담장소 종로주민자치센터 회의실

새마을지도과 근무

이번 면담은 '서울의 도시새마을운동'이라는 주제로 실시하는 서울역사편찬원의 구술채록사업입니다. 오늘은 조성린 선생님을 모셨습니다. 선생님께서는 1968년부터 서울시에서 근무를 시작하셨고, 서울시 새마을지도과를 비롯해 서울시 감사담당관실 계장, 건설안전본부 서무과장, 서울시립대학교 총무과장, 종로구청 건설교통국장 등을 역임하셨습니다. 우선 도시새마을운동 관련 업무를 맡았을 당시에 대해 말씀 부탁드리겠습니다.

조성린입니다. 제가 새마을운동과 인연을 맺은건 1976년이었어요. 본청 새마을지도과로 오게 됐지요. 그전에는 도봉구 수유동사무소에 있었습니다. 7급을 달고 6개월 정도 있다가 본청으로 오게 된 거지요. 6월 1일이었어요. 물론 이전부터 도시새마을운동은 이뤄지고 있었어요. 제가 이전에 1973년에 종암동사무소에 있었을 때 이미 주민들이 절반씩 부담해서 뒷골목 포장사업 같은 걸 하고 있었지요.

당시 주민들의 반응은 어땠나요?

좋아했죠. 우리 뒷골목을 먼저 해달라고 그런 경우도 있었고요. 물론 절반씩 부담하는 게 문제가 되기도 했어요. 제가 본청으로 오기 전에 수유3동사무소에 근무할 때였어요. 문제가 터져서 동장이 관뒀죠. 사업을 해달라는 골목이 많은데 시 예산은 한정이 되어 있으니까

뒷골목 정비 사업(1972년)

다 못하는 겁니다. 근데 동장은 다 해주겠다고 해요. 자기 임의로다가 얼마씩 걷어 놓고 자기 호주머니에 집어넣었어요. 물론 서울시에서 돈이 안 나왔다고 하면 바로 돌려주면 돼요. 그걸 안 하고 뭉그적거린 거예요. 민원이 제기됐죠. 그래서 동장에서 잘리는 경우도 있었어요.

선생님께서 동사무소에서 근무할 때 진행된 새마을운동 중에서 기억에 남는 게 있으세요?

쥐잡기 사업이 있었어요. 지금은 없지만요. 얼마만큼 쥐를 잡은 다음에 실적을 보고하는 거예요.

혹시 꼬리 숫자를 보고하는 건가요?

뭐 그랬을 거예요. 몸통은 버리고, 꼬리만 잘라서 이제 사진을 찍는 거예요. 몇 개라고 올리는 거죠. 가끔 어디에서는 오징어 다리에 흙을 묻혀서 사진을 찍기도 했어요. 주민들한테 잡으라고 독려하기도 했죠. 잘 되진 않았어요.

이번에는 1976년 본청 새마을지도과로 갔을 당시에 대해 질문을 드릴게요. 새마을지도과 중에서도 어느 부서로 가셨나요?

새마을기획계로 갔지요. 새마을필승사업을 관리하는 곳이었어요. 일만 죽어라고 했지요. 거기는 속된 말로 좀 뭐 생기는 것도 없었어요. 딴 데는 밥도 얻어먹고 그랬는데 거긴 뭐 그런 것도 없더라고요. 오히려 시청 1층에 구내식당에 가면 모닝커피라고 커피에 계란 노른자 하나를 넣어줬거든요. 새마을지도과 직원들은 돈이 없어 그걸 먹었어요.

본청 새마을지도과에는 직원이 몇 명 정도 있었나요?

과장까지 한 20명 되었을 거예요. 계가 3개였고요. 새마을기획계, 새마을지도계, 새마을홍보계였던 걸로 기억해요. 그리고 과에는 타자수가 1명 있었고요. 일단 저는 기획계에 있었고요.

선생님이 그전에 동사무소 계실 때도 타자수가 있었어요?

없었어요. 다 볼펜 같은 걸로 썼죠.

기획계에서는 주로 어떤 일들을 하셨나요?

새마을필승사업이랑 새마을계획을 세웠어요. 내무부에서 전국새마을지도자대회를 하니까 서울시에서도 서울시새마을지도자대회를 했지요.

이건 양자가 다른가요?

서울시 새마을지도자대회는 시 자체로 하는 거고, 전국새마을지도자대회는 그때 내무부 주관으로 해서 보통 가을에 했죠. 장충체육관 같은 곳에서 행사를 하면 어느 구청은 어느 주차장 몇 구역에 다 버스를 대라고 하는 거죠. 어디에서 새마을지도자들 데리고 오면 어느 문 쪽 몇 번부터 몇 번까지 앉아라, 이런 것들을 다 지정해 주는 거죠. 제가 당시에 부서에서 막내급이라서 그런 걸 했지요.

그럼 서울시 새마을지도자 대회 같은 경우에도 매년 열렸나요?

네, 서울시 새마을지도자들이 참석을 하고요. 거기도 전국대회랑 비슷해요. 성공사례 발표하고, 표창 주고, 뭐 이런 거죠. 상금은 줬는지, 안 줬는지, 자세히는 기억이 안 나네요.

그럼 이런 대회에 참석하는 새마을지도자들의 관리는 어느 부서에서 하는 건가요? 소통 같은 업무를 해야 할 테니까요.

본청에서는 새마을지도계에서 하는 거지요. 그리고 각 구의 새마을과에서 구체적인 관리를 하고요.

장충체육관에서 행사를 하면 사람들이 많이 모였나요?

거기 좌석이 몇 갠지 모르지만 하여간 꽉 찼어요. 그때는 새마을운동이 아주 힘을 받을 때니까요. 그런 행사를 하면 기관장들이 다 오

전국 새마을지도자 대회(1974년)

죠. 구청장들도 다 왔어요. 전국대회 같으면 군수들이 다 오는 거죠.

새마을필승사업을 수행하다

이번에는 다른 질문을 드릴게요. 아까 말씀하신 새마을필승사업은 구체적으로 어떤 사업을 하는 건가요?

간단하게 말하면 새마을운동을 독려하기 위한 사업이라고 할 수 있어요. 새마을가꾸기사업이라든지 뒷골목포장사업이라든지, 다 들어갈 수 있는 거지요. 그런 업무를 다 총괄하는 겁니다. 그렇게 해서 각 구청별로 평가를 해요. 등수를 매겨서 발표를 합니다. 그러면 구청에서는 신경이 쓰이는 거죠. 매주 구청장 회의를 할 때 꼴찌인 구청장은 그때 시장한테 혼나는 거죠.

그때는 민선이 아니였죠. 구청장이 시장한테 불려가는 형태였죠.

관선이었죠. 그러니까 시장한테 안 깨지려고 열심히 하는 거죠.

혹시 구청장이나 구청의 국장들이 본청 새마을과에 자주 왔나요? 평가 좀 잘 부탁한다고 하면서 말이죠.

구청에 있는 새마을과들이 구청 총무국 소속이니까 거기 총무국장들은 자주 왔어요. 잘 좀 봐달라고 했죠. 박카스 사주면서 립서비스를 하는 거죠.

말씀하시는 걸 들어보니까 본청 새마을지도과에 새마을필승사업을 담당하는 직원이 있었을 것 같은데요. 해당 직원이 서울시 각 구청을 모두 평가를 담당했나요?

새마을운동 확대를 위해 열린
시청 관계자 및 구청장 회의(1974년)

사업을 총괄하는 직원은 있었어요. 심사를 할 때는 부서에서 차출을 더 하죠. 새마을지도과나 새마을사업과, 그리고 시청의 다른 과 소속 직원들을 차출해서 조 편성을 해요. 1팀이 3개 부서씩 맡았던 걸로 기억해요. 체크리스트를 만들어서 말이에요. 매우 잘함, 잘함, 보통, 미흡, 이런 식으로 나눈 다음에 동그라미 치고 점수를 매기는 거죠.

평가할 때 각 구의 현장도 가보셨나요?

서류도 보고 현장도 가요. 물론 가서도 주로 이제 서류를 많이 보죠. 근데 생각해보면 누가 얼마나 말을 잘하는가에 따라 좀 좌우되더라고요. 예를 들어 50명이 청소를 했다고 했는데 사진에는 20명만 있을 수 있죠. 그러면 그 뒤에도 있다고 하는 거죠. 확인할 방법이 없는 거죠. 그렇다고 50명인지 일일이 세면서 동그라미 칠 수도 없고요. 사람이 계산하는 거니까요. 사람에 따라 다르게 되는 거죠.

평가를 할 때 증빙서류, 그러니까 첨부된 문서나 사진 같은 게 있으면 점수를 더 잘 받나요?

일단 인원이 많은 게 좋아요. 참여를 많이 했다고 하면 점수를 잘 받지요. 그러니까 방금 말했듯이 평가하는 사람에 따라 좌우가 되는 거고요. 실은 제가 마포구로 평가하러 간 적이 있었어요. 거기 동사무소 직원하고 한참 입씨름을 했거든요. 쥐잡기 사업을 한다고 해서 현장 확인하러 갔었죠. 가서 사진을 보는데 쥐가 아니에요. 저도 쥐잡기를 한 적이 있으니까 잘 알죠. 직원 입장에서는 미칠 노릇이죠. 그런 기억이 나네요.

그러면 각 구청별로 구별되는 새마을사업이 있었나요?

다 비슷했어요. 특별히 다른 사업하는 곳은 거의 없었죠. 물론 특별사례 같은 게 있으면 평가받을 때 가점이 더 받을 수 있죠. 공통된 거 말고 새로운 사업을 했다고 하면 말이죠.

혹시 구청에서 이렇게 했던 특별사례 중에 기억에 남는 사업이 좀 있으세요?

문화재를 보호한다고 해서 마포구청에서 망원정[1]을 청소했어요.

---

1 서울특별시 마포구 합정동에 있으며 조선시대의 망원정을 복원한 정자이다. 1990년 6월 18일 서울특별시 기념물로 지정되었다. 1424년 세종의 형인 효령대군의 별서로 지어졌고, 세종이 다녀간 이후에는 희우정이라 불렸다. 1484년 성종의 형 월산대군이 소유하며 망원정으로 개칭하였다. 성종은 이곳에서 농정을 살피고 연회를 열었다. 마포구 망원동 지명도 여기서 유래했다. 1506년 수려정으로 확장되었으나 중종반정으로 공사가 중단되었다. 이후 홍수와 한강개발로 소실되었으나, 1988년 복원 공사가 시작되어 1989년 현재의 모습으로 완성되었다.

그때는 누구도 거들떠보지 않았거든요. 거기에 새마을이라는 이름을 붙이는 거죠. 그쪽에 문화재가 몇 개 있었거든요. 그런 거에 당번을 정해서 일주일에 한 번씩 가서 둘러보고 청소를 했던 게 있었어요.

구청별로 사업 사례는 어떻게 공유되는 건가요?

서울시에서 각 구청에 배포하는 거죠. 내무부도 여러 지방에서 올라온 사례들을 뿌려주고요. 성공사례 발표집 같은 게 나왔던 걸로 기억해요. 서울시에서도 새마을지도자 성공사례 발표하거든요. 그런 게 책자로 나오는 거예요.

새마을사업과에서 했던 취락구조개선사업

그렇게 본청 새마을지도과에 계시다가 1978년 6월에 승진하면서 영등포구 도림1동 사무장을 하시게 됩니다. 그러다가 다시 1년 만에 본청의 새마을사업과로 돌아오셨습니다. 오신 다음에 어떤 업무를 맡으셨나요?

취락구조개선사업을 담당했지요. 현장사무실로 발령을 받았어요.

이전에 새마을지도과에 계실 때는 그런 사업이 이루어지고 있었나요?

네, 그때도 있었어요. 아마 1977~1978년에 처음 시작했을 거예요.

지방의 농촌새마을운동에서 하는 지붕개량사업이과 비슷한 건가요?

큰 틀에서 보면 어느 정도는 비슷해요. 그런데 여기는 구획정리사업을 하듯이 기존에 있던 집들을 싹 허물고, 도로도 내고, 토지도 반듯반듯하게 전부 잘라서 한 100평 내외로 해서 집을 전부 새로 지으라고 했죠. 그러니까 농촌주택 개량사업하고는 약간은 다르죠. 지금의 강남구 내곡동사무소가 있는 곳을 염곡마을이라고 했어요. 그리고 거기서 고속도로를 타고 내려가면 잔디마을이라고 있어요. 1977년부터 그 2곳에서 사업을 했어요. 잔디마을 같은 경우에는 일단 거기가 고속도로 바로 옆이거든요. 보기에 안 좋다고 한 거죠. 염곡마을은 고속도로에서는 좀 떨어져 있는데 왜 선정이 됐는지 모르겠어요. 그리고 1년 뒤에는 규모가 더 커졌죠. 행주대교 옆에 상사마을이라고 있어요. 그리고 강동구청 쪽에 암사마을, 그렇게 지정해서 일을 했지요.

현장사무소는 구청이나 동사무소에서 직원들이 파견 나왔던 건가요?

그랬어요. 5명이 파견되어서 왔지요. 강서 1명, 암사 1명, 나머지는 강남을 맡았고요.

현장사무소에 파견된 직원들은 주로 어떤 일을 했나요?

취락구조개선사업 진도가 잘 나가는지 파악하는 거였어요. 일단 권한이나 책임 같은 건 없었고요. 기존에 집을 철거를 했는지, 터파기를 했는지, 지하실을 만들었는지, 벽돌벽이 올라갔는지, 천장을 덮었는지, 이런 거를 매일 가서 체크하는 거였죠. 해당 마을이 선정

취락구조 개선사업 대상 지역 중 하나였던 강남구 세곡동의 은곡마을 지역 사업계획도(1978년)

되면 그 마을의 모든 가옥이 사업 대상이 되거든요.

지붕을 새로 올리는 비용은 어떻게 조달하나요? 서울시 예산으로 주는 건가요?

제가 기억하기로는 서울시에서 나가는 예산은 거는 없었어요. 토지구획정리사업을 해서 나오는 토지 대금으로 냈던 걸로 알고 있어요. 구획정리사업을 하면 토지 보상을 해주거든요. 구획을 정하고 감보율[2]

2 토지구획 정리사업에서 공용지(도로·공원·학교 부지 등)를 확보하고 공사비를 충당하기 위하여 토지를 제공받는 비율이다. 그 값은 개개의 소유지 위치에 따라 다르며 최고 50%를 초과할 수 없다.

같은 거 따져서 원래 땅이 많으면 그만큼 토지 보상을 해주는 거죠.

체비지[3] 같은 건가요?

비슷하지만 좀 다르죠. 일단 그 부분은 자세히 알지는 못해요.

그 무렵에도 공사를 하던 중이었나요?

지하실 파는 집도 있고, 벽 쌓는 집도 있었어요.

공사업자는 서울시가 선정을 하나요? 아니면 마을 전체가 특정 업체를 선정하나요?

그건 주민들이 알아서 하는 거죠. 서울시가 관여하지는 않아요. 일단 공사 규모가 마을 단위였으니까 대형 건설사는 아니었어요. 건물 형태로 각자 달랐어요. 평수만 정해져 있었죠. 그린벨트 관리 규정에 따라서 지하는 10평, 지상은 30평, 이런 식이었죠.

당시 강남구에 있던 해당 마을들은 거의 그린벨트 안에 있었던 걸로 알고 있는데요. 그렇다면 상대적으로 땅값이 저렴했겠네요.

싸죠.

---

3 체비지는 도시 개발, 재건축, 재개발 등의 사업을 진행할 때, 원활한 사업 수행을 위해 미리 확보해 두는 토지를 말한다. 주로 공공시설 설치, 도로 확장, 기반 시설 조성 등의 목적을 위해 사용된다. 또한 체비지는 사업이 완료된 후 필요에 따라 공공기관이 매각하거나 임대하여 수익을 창출하기도 한다.

강남구 양재동의 잔디마을 취락구조 개선사업 시범마을 기공식에 참석한 구자춘 시장(1978년)

취락구조개선사업을 하고 나면 그린벨트가 풀리는 건가요?

사업을 하기 위해서 잠깐 풀었다가 사업이 끝나면서 다시 묶었어요.

혹시 투기 같은 건 없었나요? 지금도 수도권에 그린벨트를 해제한다고 하면 부동산 투기가 우려된다고도 하니까요.

투기가 있었죠, 도심 재개발도 마찬가지겠지만 그럴 땐 돈이 없어서 못 짓고 나오는 사람들이 있거든요. 이축권移築權을 팔아야 하는 사람들이 생겨나요. 그러니까 외부 사람들이 그걸 사는 거예요.

'딱지'[4]를 사는 거죠. 다른 도심 재개발하는 거랑 똑같죠. 나중이긴 하지만 저도 1984년에 딱지를 사서 뭇골마을로 들어왔어요.

집 지을 돈이 없는 사람은 소위 말하는 딱지를 팔고 그냥 다른 동네로 이사를 갔다는 거군요. 그리고 딱지를 산 사람들이 들어와서 자기 건물을 짓고 거기서 살기 시작했다는 거고요.

네, 맞아요. 딱지, 그러니까 이축권을 파는 사람들이 꽤 있어요.

그럼 그 건물은 단층으로 짓는 건가요?

맞아요.

짓는 사람 입장에서 보면 더 넓고, 더 높게 짓고 싶을 텐데요. 현장에 나가 계셨던 선생님 같은 분들한테 청탁이나 부탁 같은 걸 하는 사람들이 있었나요?

그렇지는 않았어요. 일단 우리한테는 그럴 권한이 없었으니까요. 물론 취락구조개선사업 자체는 시청 담당이었어요. 밑에 구청에서 보고하는 것을 체크하기 위해서 우리가 갔던 거죠. 건축허가 같은 건 구청에서 해주는 거니까요.

---

4 재개발 지역이나 택지 개발 지구에서 조합원자격이 있는 사람에게 주는 아파트 입주권을 지칭하는 은어이다. 택지 재개발로 인해 그 지역의 원주민들이 재개발로 주거권을 잃었을 때 해당 원주민에게 주어지던 권리다. 공원과 도로, 대형 주거단지를 만드는 등 공공사업으로 인해 집이나 상가를 내주게 된 주민에게 보상 차원에서 부여되는 새 아파트 또는 토지의 우선 분양권(입주권)을 말한다. 환지 증명서라고도 했다.

체크한 보고를 매일 하는 거예요?

네 매일 했어요. 시청의 새마을사업과로 하는 거죠. 마을 총 몇 개 중에서 오늘 터파기는 몇 군데 진행되었는지, 뭐 벽 쌓는 건 몇 집인지, 몇 군데에서 진행되고 있는지, 그런 걸 보고했어요.

사업이 끝난 다음에는 많이 깔끔해진 것 같았나요?

훨씬 좋아 보이죠. 1979년 5월에 준공식을 할 때 박정희 대통령이 직접 참석하기도 했어요.

요즘 아파트도 리모델링이나 베란다 확장 공사를 하잖아요. 그때도 나중에 주민들이 그런 추가 공사를 했나요?

여담이지만 일단 준공검사 뒤에 더 확장한 집들이 좀 있었어요. 방을 더 튼다든지, 지하실을 더 판다든지, 불법으로 좀 늘린 사람들이 있었죠. 창고인데 방이나 거실처럼 만드는 거죠.

대체로 거기 살던 주민들은 농사를 지었던 거예요?

농사짓는 사람이 많았죠. 그런데 이게 농사짓는 사람한테 잘 안 맞더라고요. 개축한 새집은 전원주택이거든요. 농기구 놓을 데도 마땅치 않고 말이에요. 그래서 그런지 좋아하는 사람도 있었지만, 싫어하는 사람들도 있었어요. 제가 볼 때는 반반이었어요.

취락구조 개선사업이 진행된 강동구 암사동의 양지마을 전경(1979년)

대신 외부 사람들이 좋아했다는 거군요. 깔끔한 환경의 전원주택을 신축할 수 있으니까요.

그렇죠. 게다가 완전히 도심에서 가까운 전원주택이기도 하고요. 당시 사람들도 땅값을 생각했어요. 서울 인근은 비쌌거든요. 저 멀리 양평이나 이천쯤은 되야 전원주택을 지을 수 있다고 생각했던 겁니다. 그런데 도심이랑 가까운 전원주택이니까 사람들이 들어오는 거죠.

취락구조개선사업을 하면서 추가적인 공사는 없었나요? 예를 들면 주변에 도로를 더 만든다든지 말이죠.

추가적인 건 없었어요. 그 사업으로 종료가 된 거죠. 그리고 1979년에 박 대통령이 돌아가시면서 올스톱이 됐죠.

새마을운동 관련 여러 부서들

이번에는 새마을운동 관련 부서에 대해 질문을 드릴게요. 선생님이 근무하셨던 새마을지도과는 서울시의 무슨 국局 소속이었나요?

내무국이었죠. 내무국장 밑에 새마을담당관이 있고, 그 밑에 과課 조직이 있었죠. 담당관은 부국장 같은 거였죠. 새마을담당관이 새마을지도과랑 새마을사업과를 관할하는 거예요. 내무국의 다른 관할들은 안 건드리고요.

다른 분들의 얘기를 들어보면 1970년대에는 새마을운동 부서에 있던 분들이 능력을 인정받아서 다른 부서로 갈 때 승진을 해서 나갔다고 하더라고요.

그렇죠. 일단 3급으로 승진한 사람들이 새마을담당관으로 와서 좀 있다가 구청장으로 나가고 그랬어요.

사회정화운동 추진 결의대회(1980년)

새마을운동 관련 과장을 하다가 승진해서 새마을담당관으로 가는 경우는 없었나요?

그렇지는 않아요. 승진을 해도 다른 부서로 가죠. 그리고 나중에는 새마을지도과장을 해도 승진하지를 못해요. 말하자면 나중에는 새마을과가 실세는 아니게 되는 겁니다. 승진 자리가 아니게 되는 거죠. 구색만 맞춰 놓은 자리가 되어버린 거였어요. 제가 있을 때도 과장이 나갈 때 승진해서 나가지를 않았어요. 그나마 시장한테 인정을 받아서 다음 보직을 갈 때 조금 좋은 곳으로 가는 정도였죠.

1980년대 이후에는 새마을지도과랑 새마을사업과가 합쳐집니다. 그 무렵의 새마을운동 부서 내 분위기는 어땠나요?

일단 새마을사업이라는 것 자체가 희미했죠. 이제 윗사람들 관심도 없어졌고요. 시장이나 구청장이나 이런 사람들이 관심이 없으니까 이제 잘 안되죠. 직원들도 뭐 특별히 할 것도 없는 거죠. 하여간 그냥 형식만 있었던 거죠. 제가 생각하기에는 그랬어요.

새마을담당관도 없어졌겠네요.

맞아요. 대신에 사회정화운동 같은 걸 하면서 시청에 사회지도담당관실이 생겨요. 이제는 사회정화운동을 하는 거죠. 그쪽 사회정화가 엄청 힘이 세졌어요. 윗사람들 관심도가 완전히 그쪽으로 쏠려버렸죠. 새마을은 뭐 존재도 없게 되었죠.

어떻게 보면 사회정화 관련 조직이 만들어지는 과정이 새마을운동이 처음 시작될 때랑 비슷한 거 같네요. 위에서 관심을 가지니까 뭔가 조직이랑 자리가 만들어지는 게 말이죠.

그렇다고 볼 수도 있겠네요. 구청에도 사회지도담당관실이 생겼거든요. 거기도 새마을부서는 다 없어졌고요. 구청에서도 그만하면 됐다고 하는 분위기였으니까요.

민간으로 넘어가면서 더 그렇게 된 건가요?

이전까지는 관 주도로 했는데 이제는 민간 주도로 한다고 하면서 전경환이 등장한 거죠. 그런데 그게 민간 주도로 한다고 해서 특별히 뭐 달리 할 건 없었어요. 어차피 행정기관을 통해서 해야 할 일이 많았거든요. 그런데 전경환이라는 특정인 때문에 거기 있던 새마을운동중앙본부 직원들까지 콧대가 높아졌어요. 덕분에 공무원들이 애를 많이 먹었죠.

새마을운동중앙본부의 직원들은 준공무원인가요?

아니죠. 관련 없어요. 그런데 거기 부장들이 내무국장한테 뭐 이런 거 해주면 좋겠어요, 저런 거 해줬으면 좋겠어요, 막 그러는 거예요. 뭐라 그러면 사무총장한테 보고 한다고 그러고요. 사무총장이 누구겠어요? 전경환이잖아요.

실질적으로 그때 전경환 씨가 힘을 가지고 있었나요?

그렇죠. 대통령 동생이니까요. 얼마나 강하겠어요? 덕분에 거기 밑에 있는 사람들도 큰소리 많이 쳤어요.

그럼 선생님 같은 공무원 입장에서는 관 주도로 직접 새마을운동을 할 때보다 더 힘든 상황이었겠네요.

많이 시달렸죠.

관련 부서 같은 경우에 그랬던 거죠?

네, 내무국장이 국장 중에서는 힘이 세요. 선임 국장이었죠. 그래도 시달렸어요. 그때는 뭐 전두환 말이라면 다 통할 때니까요.

네 좋은 말씀 감사합니다. 인터뷰는 이것으로 마치겠습니다.

최종협

"새마을 부서에서 예산을 편성하면 예산과에서 칼질을 거의 못했어요"

1949년 충청남도 보령 출생
1968년 성동구 약수동사무소 근무
1973년 서경대학교 법학과 졸업
1975년 중구 새마을과 근무
1977년 서울시 새마을사업과 근무
1979년 중구 새마을과 새마을지도계장
1997년 서울시 서부수도사업소 소장
1998년 강북구 행정관리국 국장
2004년 종로구 부구청장
2007년 서울시 한강사업본부 본부장

면 담 자　유상수(여순사건위원회)
면담주제　서울시정과 공무원들(새마을운동 · 서울대공원)
면담날짜　2019년 10월 2일(1차) · 2019년 10월 6일(2차)
면담장소　한성대학교 회의실(1차) · 토즈스터디센터 천호점(2차)

중구청 새마을 담당 부서에서 근무하다

이번 면담은 '서울의 도시새마을운동'이라는 주제로 실시하는 서울역사편찬원의 구술채록사업입니다. 오늘은 최종협 선생님을 모셨습니다. 선생님께서는 1968년부터 서울시에서 근무를 시작하셨고, 서울시 새마을사업과를 비롯해 서울시 서부수도사업소 소장, 강북구 행정관리국 국장, 종로구 부구청장과 서울시 한강사업본부 본부장 등을 역임하셨습니다. 우선 도시새마을운동 관련 업무를 맡았을 당시에 대해 말씀 부탁드리겠습니다.

최종협입니다. 제가 서울시에서 도시새마을운동 관련 일을 맡게 된 것은 1975년이었습니다. 군대에서 제대한 다음에 서울시로 복직을 했죠. 중구청 새마을과로 발령을 받았습니다. 그때는 새마을과가 생긴 지 얼마 안 됐어요. 밑에 계係도 새마을지도계랑 새마을사업계, 직원도 7~8명 정도였어요. 저는 둘 중에서 새마을사업계로 갔죠.

새마을사업계에서 했던 일들은 어떤 것들이었나요?

일단 직원 숫자가 적으니까 업무분장은 과장 맘대로예요. 직장새마을운동이나 통統 단위 새마을사업 같은 걸 새마을사업계에서 맡았어요. 취로사업就勞事業, 그러니까 노임소득사업이라는 것도 있고요.

새마을지도계에서는 어떤 업무를 했나요?

거기는 새마을홍보, 새마을청소 같은 걸 맡았죠. 그리고 새마을과에서 추진을 하진 않지만 구청의 각 과課에서 하는 일 중에 새마을과 관련된 일이 많았어요. 소비절약은 사회과에서 한다든지, 푸른서울가꾸기는 산업과에서 한다든지 말이죠. 그리고 그것들의 실적관리를 새마을지도계에서 했습니다. 제가 1975년에 갔던 그때 이미 각 구별로 순위를 평가하고 있었어요. 시청에서 1년에 한 번씩 새마을필승사업이라고 해서 말이에요.

선생님이 계셨던 중구청도 매년 순위가 다른 거죠?

그렇죠. 근데 중구는 평가할 때 다른 구들이랑 조금 분리해서 해요, 왜냐하면 중구는 도심에 있으니까요. 관악구와 같은 다른 구역에 비해서 없는 사업들이 많아요. 관악구나 이런 데에는 공지空地들이 많지 않습니까? 중구는 도심이라 공지가 없거든요. 공지를 활용해서 마을 동산을 만든다든지, 마을 소공원을 만든다든지, 이런 걸 하면 가점이 부여되고 굉장히 배점이 높아요. 어려운 일을 했다고 말이죠. 그런데 중구는 그런 게 없으니까 새마을 평가에서는 거의 하위권이죠, 전체 종합평가에서는 말이에요.

그러면 구청장이 부하 직원들을 많이 혼내지 않나요?

그렇지는 않았어요. 구청장도 알죠. 그리고 시에서도 알고 있으니까요.

새마을사업계 안에 직장새마을, 통 단위 새마을, 취로사업 등이 있다고 했는데요. 선생님이 맡은 주업무는 어떤 건가요?

통 단위 사업이었죠. '통'이라고 하는 게 사실 4~5개 반班이에요. 굉장히 좁은 단위죠. 중구는 지역이 좁으니까 보통 1개 동에 10개 정도 통이 있어요. 변두리 구區에는 한 20개의 통이 있고요. 그리고 1개 통에는 5~6개의 반이 있는 거죠. 그런데 그런 마을의 현안 사업들, 예를 들어서 동네 골목이 비가 오면 질척거린다고 해서 여기를 포장한다거나, 하수도를 매설한다거나, 뭐 이런 게 대부분이었어요. 간혹 어떤 데는 그 동의 중심지에 위치한 통 같은 경우에는 마을회관을 건립하고 그랬죠. 건축비가 많이 들어가지만 통 단위에서 이루어진다고 그래서 통 단위 새마을사업이라고 명칭이 붙었죠.

각 통에 예산지원은 어떻게 하나요? 모두 해줄 수는 없을 것 같거든요.

일단 각 동으로부터 신청을 받아요. 구청에서 우선순위를 정하죠. 그리고 시에서 우리가 배정받는 금액도 한도가 있고요. 그 범위 내에서 분기별로 예산을 배정합니다. 그리고 각 통별이 아니라 사업별로 지원을 하는 방식이에요.

그러면 해당 사업은 1개 통에서 이루어질 수도 있고, 2~3개 통에서 같이 진행할 수도 있는 거네요?

그렇죠. 일단 1개를 배정받으면 다음 사업은 후순위가 되죠. 그리고 분기별로 배정을 받긴 하지만 보통은 큰 공사들이 아니니까

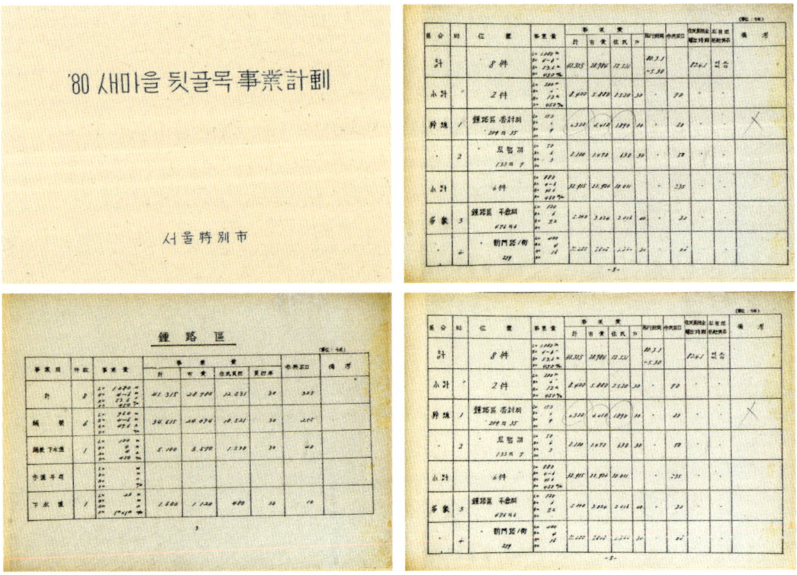

《새마을뒷골목사업계획》(1980년)

분기 내에 공사가 다 끝나요.

동에서 통장들과 협의를 해서 사업들을 구청에 올리는 건가요?

동에서 통장이랑 새마을지도자들이 모여서 마을의 현안 사업을 결정하는 거죠.

새마을지도자는 통 단위로 있는 건가요? 아니면 동 단위로 있는 건가요?

통 단위로 있죠. 통에 통장 1명이랑 새마을지도자 남녀 각각 1명씩, 이렇게 3명이 있죠.

새마을지도자는 새롭게 뽑히는 건가요? 아니면 기존에 있던 부녀회장 같은 분들이 하는 건가요?

일단 위촉을 하죠. 옛날에 했던 사람이라고 하는 건 아니었어요. 본인이 안 한다고 하는 경우도 있고요. 동의 입장에서 보면 그래도 조금 시간이 있는 사람이 새마을지도자로 동원되는 사례가 굉장히 많아요. 새마을청소나 구청에서 행사가 있으면 우선 동원하기 좋은 게 새마을지도자들이거든요.

새마을지도자들 중에는 직장 안 다니는 사람들도 많았겠네요?

대부분 그 지역에서 자영업을 하는 사람들이었어요. 그래야 동네 사람들도 많이 알거든요. 일단 바깥에 직장을 다니면 못하죠.

서울 같은 경우에 새마을지도자들이 자영업 하시는 분들이 많았던 거네요.

그렇죠. 그런 중에서도 그래도 동네 심부름도 할 수 있고, 동네 사람들한테 신임도 높은 사람들을 골라서 위촉을 했죠.

새마을지도자들은 보수나 수당은 따로 없었나요?

일체 없었어요. 순전히 봉사하는 거예요. 자기 돈 써가면서, 새마을청소하면 자기 동네 사람들 데리고 나와서 하는 거죠. 그러면 하다못해 해장국이라도 사줘야죠. 그러면 누가 돈 내겠습니까? 음료수라도 다 자기 돈 써가며 하는 거예요. 그러니까 새마을지도를 하려면 어느 정도 그런 경제력도 있어야 합니다. 동네 사람들한테 인정도 받아야 하고요.

선생님께서 통 단위 사업을 담당하였는데요. 그러면 새마을지도자들을 많이 만나셨을 것 같습니다. 각 통에서 올라오는 사업들을 평가하고 예산을 지원하려면 말이죠.

새마을지도자들을 많이 만났죠. 구청에서 새마을지도자들을 동원하는 경우가 굉장히 많습니다. 예를 들어서 1년에 한 번 구정區政 업무보고를 하거든요. 그때는 새마을운동이 한창 전성기였잖아요. 그래서 구정업무보고를 하면서 새마을운동 전진대회를 같이 했어요. 그런 행사를 주관하는 부서가 새마을과에요. 원래 구정업무보고는 총무과 담당이거든요. 저도 구청장이 시켜서 행사 기획을 많이 했어요. 구정업무보고랑 새마을운동 전진대회를 명보극장[1]에서 많이 했어요.

새마을지도자는 거의 다 왔겠네요.

그럼요. 새마을지도자랑 통장들이 다 오죠. 극장을 다 채우는 겁니다. 보통 2,000명 정도는 동원해야 좌석이 다 차요. 일단 70% 정도 온다고 잡으면 극장이 다 차요. 중구청 새마을지도자대회 할 때도 그렇게 했지요.

1 명보극장은 1957년 개관하였으며, 이후 1977년 영화배우 신영균에 의해 인수되었다. 1994년 '명보프라자'로 개명하며 한국 최초의 복합상영관으로 재개장하였다. 하지만 2008년 경영 악화로 폐관하였고, 2009년 '명보아트홀'로 재개관하여 현재는 실버극장과 다양한 문화 공연을 진행하고 있다.

얘기를 들어보니까 새마을과의 업무가 정해진 것 이외에 다른 것들도 많다고 하더라고요.

일단 상사들 맘이죠. 구청장이나 총무국장이 "야, 네가 해. 네가 더 잘하니까 네가 해."라고 하면 하는 거죠.

1970년대 당시에 새마을과장이 힘이 있다고 하더라고요.

그렇죠. 직제상 총무과 다음이 새마을과였어요. 민간인들한테 공무원으로서의 위세를 부릴 순 없는 자리였지만 상사들한테는 인정을 받는 자리였죠. 대신 생기는 일은 다 맡는 거고요. 고생한다고 인정받았던 거죠.

승진 같은 것도 좀 유리했나요?

제가 1977년에 주사보 승진 시험을 봤어요. 주사보니까 지금의 7급이지요. 그런데 시험공고가 나면 소위 특진이라는 게 있었어요. 어떤 특수한 공직에 있는 사람들의 경우에는 심의를 해서 시험을 면제해 주고 바로 승진 임용을 시키는 거예요. 그런데 시청의 새마을과에서 새마을 통단위 사업으로 유공有功으로

서울시 새마을지도자 전진대회(1973년)

해서 하나를 중구청에서 올리라고 했어요. 공적조서를 올리라고 했습니다.

새마을운동 사업 중에서도 선생님이 맡았던 통 단위 사업에 대한 유공을 올리라고 했던 거네요. 선생님이 무시험으로 승진을 하셨네요.

그런데 제가 통 단위 사업을 맡기 전에 전임자가 저한테 3일 동안 부탁을 하더라고요. 그 친구는 3대 독자고 군대도 면제였지요. 저 같은 경우에는 '시험 뭐 그까짓' 정도로 생각했거든요. 그래서 양보했어요. 둘 중 하나가 대상자였는데 말이에요. 물론 과장이랑 국장이랑 다들 "너 미쳤어? 너 이놈아, 너 시험 봐서 네가 된다는 보장이 있어?"라고 하더라고요. 그래서 "뭐, 되든, 안 되든"이라고 했죠. 다들 "하, 이놈" 그럽니다. 그래서 그 친구는 무시험으로 심사에서 특진을 했고요. 저는 시험을 봤어요. 장소는 경희대였을 거예요. 문제를 보니까 다 알겠더라고요. 나중에 보니까 1개 틀렸다고 하더라고요. 그래서 같이 주사보로 승진을 했어요. 그게 1977년 6월 15일이었어요.

시청 새마을사업과에서의 일화들

승진 시험을 보신 다음에 본청으로 발령받았나요?

시청의 새마을사업과로 갔죠. 본청에는 새마을사업과랑 새마을지도과가 있었어요. 지도과가 선임이죠. 그리고 새마을사업과 내에는 새마을사업계랑 새마을관리계가 있었고요. 이쪽도 관리계가 선임이죠. 그리고 새마을지도과는 새마을계획계, 새마을교육계, 새마을지도계, 이렇게 있었고요.

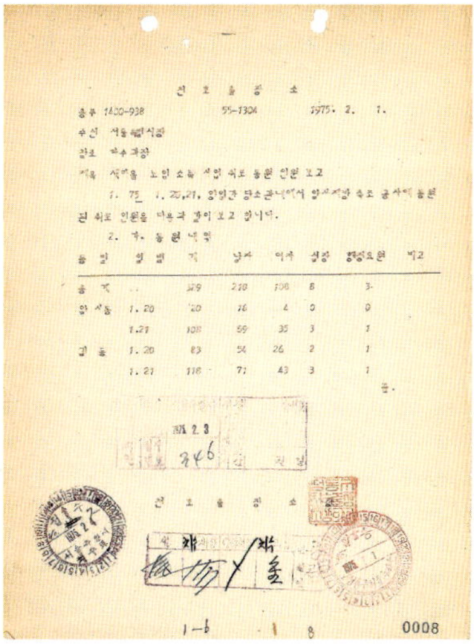

1975. 2. 1.

동별	일별	계	남자	여자	십장	행정요원	비고
총계		329	218	108	8	3	
암사동	1. 20	20	16	4	0	0	
	1. 21	108	59	35	3	1	
길동	1. 20	83	54	26	2	1	
	1. 21	118	71	43	3	1	

0008

새마을 노임소득사업 관련 문서(1975년)

당시에 본청 새마을사업계에서 맡았던 업무는 어떤 것들이었나요?

비중도가 높았던 것부터 말씀드릴게요. 우선 취락구조개선사업, 그다음에 새마을노임소득사업, 그다음에 대통령특별지원사업, 그다음에 새마을가꾸기사업, 그다음에 우수마을지원사업, 이런 것이었어요. 취락구조개선사업은 1977년 제가 갔던 당시에는 없었고, 그해가 끝날 무렵에 생겼어요.

5개 정도가 새마을사업계의 주요 사업들이었던 거죠?

네, 맞습니다.

서울시 각 구청의 사업들과 연관이 많은 것 같습니다.

일단 구청에서 전부 수합을 받아요. 판단은 전부 시에서 해야죠.

새마을가꾸기사업[2]은 어떤 거죠?

서울시 변두리 마을이 총 백몇 개 있었어요. 그 마을에 새마을운동을 불러일으키는 겁니다. 일단 일정 금액씩 지원을 해주고 너희 단위 마을에서 뭐 환경 개선도 좋고, 소득 증대 사업도 괜찮고, 그렇게 약간씩 금액을 초창기에 주는 거죠. 그리고 1년 후에 사업 성과를 봐요. 이건 도저히 안 되겠다고 판단되면 탈락시키고, 거기에서 승격이 되는 것만 우수마을로 승격을 시키는 거예요.

그럼 아까 말씀하셨던 통 단위 사업이라는 개념과 조금 비슷한 부분이 있는 건가요?

그렇죠. 그 마을의 어떠한 숙원 사업이라든가, 그런 면에서는 똑같죠. 대신 이런 변두리 마을은 환경 개선보다는 주로 소득하고 연결되는 걸 했어요. 무슨 묘목을 심는다든지, 육우肉牛 사업을 한다든지, 그런 걸 많이 신청하더라고요. 아무래도 소득들이 적으니까요. 거기는 포장할 이유도 없거든요. 소위 말하면 산비탈에 있는 그런 마을들이에요. 자연부락으로 형성된 그런 마을이니까 이런 사람들이 그냥 축사 같은 거 하나 지어서 공동으로 소 몇 마리 사서 공동으로 해 보는 거죠. 젖도 짜서 팔고요. 그런 사업들을 많이 신청했어요. 그리고 그때부터는 건축 경기가 조금씩 있을 때거든요. 1977년 무렵이

---

2 새마을가꾸기사업은 새마을운동의 기본적인 사업 중 하나였다. 그 내용은 생산기반조성, 소득증대, 마을환경개선으로 이루어졌다.

었나요? 당시는 서울이 굉장히 막 팽창하던 때니까 묘목 수요가 또 많았어요, 조경용으로요. 그런데 또 묘목은 큰 걸 심으면 타산이 안 맞거든요. 조그맣게 키워서 팔아먹는 거죠. 그런 식으로 하더라고요.

이번에는 다른 질문을 드릴게요. 아무래도 새마을운동이 1972년부터 시작되니까요. 그전까지 공무원 중에는 이 분야에 경력을 가진 사람들을 찾기가 어려웠을 것 같습니다. 부서 자체도 새로 만들어진 거고요.

일단 새마을 부서는 신규 설치 부서였죠. 그래서 조금 똘똘하다고 인정받는 사람들을 데려다 놓았어요. 젊은 사람 위주였고요. 아무래도 대통령이 관심을 가졌으니까요. 중앙의 내무부에서 하라는 것만 해서는 안 되거든요. 스스로 판단해서 독자적으로 서울시에 맞는 사업도 개발하고요. 그런 사람들이 많이 왔죠. 구청 직원이 일 잘한다 싶으면 본청으로 데려다가 새마을 부서로 배치했죠.

새마을운동 같은 경우에는 구청과 구청 간의 교류도 많았겠네요.

그럼요. 시에서 그런 기회를 많이 만들어요. 각 구청의 새마을과에는 차량을 한 대씩 시청에서 배치시켰어요. 출장도 잦고 홍보도

취로사업에 참여하는 시민들(1975년)

각 구청에 배치되는 새마을운동 차량의 발대식(1978년)

해야 했거든요. 원래는 공사과나 토목과 같은 부서에만 있었거든요. 노점상 정리하는 건설관리과, 그리고 산업과 정도나 있었을까요? 다른 과들은 없었어요. 또 그쪽들과 달리 새마을은 승용차였어요. 거기에다가 확성기를 달아놓고 그다음에 도색을 전부 녹색을 칠했어요. 새마을 마크를 위에다가 넣고요. 완전히 누가 봐도 '이거 새마을 차구나.'라고 보였죠. 기동력이 상당했죠. 운전수도 고정 배치되었고요.

그러면 새마을과 직원 정원 중에 1명은 운전 직원이었나요?

아니요. 운전 직원은 구청에 별도로 있었어요. 구에서도 청소, 순찰 등을 위해서 차량 관리를 하니까요.

다른 부서의 차량들은 따로 지정된 색깔이 있었나요?

보통 구청장은 권위가 있어야 하니까 검정색, 토목과는 회색이나 흰색이었죠. 나머지는 따로 정해져 있진 않았던 것 같네요.

새마을사업의 내용과 실무 조직에 대해서 말씀해주셨는데요. 얘기를 들으니까 의문점이 하나 생깁니다. '세부 조직의 성격별로 각각의 사업들을 구분할 수 있을까?'라는 겁니다. 새마을운동이나 부서 자체도 새로 생겼다고 할 수 있잖아요. 그러면서도 기존 사업들을 끌어들여서 추진하는 것들도 많았으니까요. 실제 일을 하셨을 때 부서별로 업무가 명확하게 구분되지가 않았을 것 같습니다.

맞습니다. 이해를 쉽게 도와드리자면 사실 '새마을청소'라고 해도 말만 '새마을'을 갖다 붙인 거죠. 일반 청소랑 다른 건 없어요.

기존에도 했던 거죠?

네, 그렇죠. 그냥 청소를 담당하는 청소과 소관이에요. 거기에 환경미화원이 있으니까요. 가로街路 청소를 담당하는 미화원도 있고, 지역 뒷골목 그 지역을 담당하는 미화원들도 있고요. 이걸 보다 국민운동으로 생활화한다고나 할까요? 국민들의 참여를 좀 더 유도시키는, 어떤 붐을 조성한다는 의미로 '새마을'이라는 글자를 붙인 거예요. 새마을청소를 한다고 하면 뭐 한 달에 2번이나 1번이나 이런 식으로 날짜를 정해서 아주 대대적으로 시민들 동원하는 거죠. 아까 말한 새마을지도자랑 통·반장이랑 해서 점포주들을 독려해서 데리고 나와서 청소를 같이 하는 거예요.

새마을운동 이전에 이런 청소를 한다고 하면 시민들이 잘 나왔나요?

전에는 안 나왔죠. 호응도 안 했고요.

'새마을청소'라고 이름이 붙는 순간에는 새마을지도자부터 시작해서 일반 시민들도 거기에 참여를 하는 걸로 바뀐다는 거네요.

그렇습니다. 새마을청소라고 캐치프레이즈를 걸었을 때도 초창기에는 공무원들끼리 했어요. 그런데 자꾸 반상회 회보에 지속적으로 게재를 하고 "이번 달 며칠날은 새마을청소의 날입니다."라고 해요. 구청별로 또 시범 가로를 지정해요. 당시 구청에 국局이 5개 정도가 있었으니까 그걸 가로별로 나누죠. 중구 같으면 어디는 퇴계로, 어디는 을지로, 어디는 청계천로, 이런 식으로 합니다. 지역 주민들도 동원하고요. 동장들도 주민들 챙기느라 고생했죠. 새마을과만으로 인원 동원이 되겠습니까? 그래서 초창기에 공무원 동원할 때는 전부 직원 체크를 했어요. 참여 안 한 직원은 벌칙으로 숙직을 한 번 더 시켰어요.

서울시에서 새마을운동이 시작된 게 1973년인가요? 아니면 1974년인가요? 이게 조금 명확하지 않습니다.

명확히 구분하기는 힘들어요. 대부분 1973년도 말 정도가 될 거예요. 그때부터 그래도 새마을운동이 체계적으로 진행된 것 같네요. 1974년까지는 거의 공무원들 위주로 진행되다가 1975년부터는

반상회 모습(1980년)

일반 시민들도 많이 참여했을 겁니다.

직장이나 사업체의 도움도 많았을 것 같습니다.

직장에서 협조를 많이 했죠. 거기 직원들이 나와서 해줄 수 있거든요.

그건 직장새마을운동을 담당하시는 공무원이 기업체에 가서 요청하는 건가요?

네, 찾아가서 설명도 하고요. 그다음에 안내 전단을 갖다주기도

우수 새마을직장 사업장에 표창장을 전달하는 박영수 시장(1981년)

하고요. 또 구역 지정을 해요. "당신들 회사가 어디서부터 어디까지 해줬으면 한다."라고 직장새마을운동 담당 공무원이 회의 소집을 해요.

직장새마을운동의 경우에는 여러 새마을운동들 중에서도 사람이 많이 필요한 사업들에 대해서는 협조 요청을 꽤 했을 것 같네요.

그렇죠. 직장새마을운동이라는 것도 사실 직장 내에서 새마을운동의 실천 가능한 사업들을 해달라는 거였습니다. 직장 내에서 소비절약, 전기절약, 직장 내에서 녹화綠化사업도 하고요. 예를 들어서 "너희 건물 옥상에 녹화도 하고, 그다음에 새마을 청소할 때 너희 회사 주변은 너희가 해야 할 거 아니냐?" 뭐 이런 것들이요. 그런 게 총망라되었어요. 거기에는 새마을금고도 들어가요. 저축운동도 하니까요.

새마을교육계에서는 어떤 사업을 했나요?

제가 그쪽은 그냥 아우트라인outline 만 알아요. 새마을교육계에서는 글자 그대로 새마을지도자 교육을 담당했어요. 새마을지도자 중에는 지역지도자가 있고, 직장지도자가 있고, 그다음에 직능지도자가 있고요. 부녀지도자가 있고요. 이런 사람들을 새마을교육 수요에 따라서 차출해서 교육을 시켰어요. 그래서 서울시공무원교육원에서 가장 교육을 많이 받은 사람들이 바로 새마을지도자들입니다. 뭐 1주일 단위로 받는 사람들도 있지만 2~3일로 단기간으로 받는 사람도 있어요. 교육원에서 공무원 교육하는 시간 빼고 나머지 시간에는 전부 새마을교육을 했어요.

나중에는 예를 들어서 운수종사업자 교육도 직능별로 교육을 시키고요. 가끔 버스회사, 택시회사 사람들 다 교육을 시켰죠. 택시운전사들도 엄청나게 했어요. 나중에 올림픽을 앞두고도 많이 했어요. 우선 김포공항에 관광객이 오면 택시 타고 서울로 들어올 거 아닙니까? 그다음에는 1일 새마을교육이라고 있었어요. 각 지역이나 직능별로 교육을 시키죠. 주로 선진지 시찰을 시키는 거예요. 새마을 특별지원사업이 잘된 데로 가는 거죠. 설명도 듣고, 중간에 강의도 하고요.

새마을계획계 같은 경우에는 어떤 일을 했나요?

총괄부서라고 생각하면 돼요. 아까 새마을필승사업을 잠깐 말했잖아요. 그 계획을 주관합니다. 필승사업 평가를 말이죠. 그것도 일이에요. 엄청 평가를 하거든요. 시청에서 평가관들을 20~30명씩 차출해서 교육시킨 다음에 각 구청으로 보내요. 평점이 들쑥날쑥하면 안 되거든요. 거기도 바쁘죠.

새마을지도계 같은 경우에는 어떤 일을 하는 건가요?

새마을지도자들을 육성하고 관리하는 업무를 맡았어요. 새마을지도자 위촉이나 해촉이죠. 새마을청소도 거기에서 했습니다.

관리계 같은 경우에도 별도의 사업들을 하고 있었던 건가요?

새마을관리계에서는 통 단위 새마을사업을 맡았어요. 그리고 마을금고 육성도 담당했고요.

농촌과 다른 서울의 새마을가꾸기사업

보통 새마을가꾸기사업이라고 하면 서울뿐만 아니라 다른 지역에서도 했습니다. 그런데 환경 개선의 경우 서울은 다른 지역과는 다르게 진행되었을 것 같습니다.

그렇죠. 통 단위 사업이 조금 달랐어요. 내무부에서 처음에 계획이 내려온 걸 딱 보니까 주로 지방에 해당하는 것들이에요. 지방의 이장이나 새마을지도자를 통해서 신청을 받는 거예요. 사업 필요성이 있다고 하면 정식으로 채택하는 거죠. 그런데 서울시 같은 경우는 제가 가서 조사해 보니까 126개였나? 하여튼 120개가 약간 넘더라고요. 그런 마을이 말이지요. 근교 마을이 86개 정도였고요. 나머지는 아주 산기슭에 몇 가구씩 산재된 곳들까지 다 포함하니까 그 정도 되더라고요. 새마을가꾸기사업의 대상이 된 거죠.

그네들 마을에서 먼저 사업계획을 내야 하겠네요.

그렇죠. 그다음에 우리가 현장에 가서 확인해요. 5~6가구가 묘목이나 육우를 신청하면 그게 가능한지 판단을 하죠. 그런데 혼자서 육우 사업을 하겠다고 하면 대상에서 제외시켜버리는 거죠. 어느 정도 타당성이 있다고 인정되는 것들을 올리는 겁니다.

마을들이 모두 사업계획을 올리나요?

안 올라오는 데도 있어요. 하지만 90% 정도는 올라와요. 돈을 지원해준다니까 90% 정도는 올라오더라고요. 물론 선정된다고 해서 올린 금액이 100% 지급되지는 않아요. 자부담이 원칙이죠. 일부 자부담이 원칙인 그런 사업들이에요.

대략적으로 예산지원이랑 자기 부담이랑 비율이 어느 정도 되나요?

예산이 70%, 자부담이 30%, 대략 그래요.

혹시 자부담률이 조금 더 높은 경우 선정될 가능성이 올라가나요?

그런 건 아닌데 약간 융통성 있게 가점 요인으로는 될 수 있어요. 1~2점 정도 더 줄 수 있죠.

사업계획을 평가할 때 가장 중점을 두는 요소는 어떤 것이었나요?

과연 이 마을에 그 사업이 적합한지, 그러니까 적합성이죠. 그 다음에는 향후 유지관리가 되는지, 유지관리가 가능한지의 여부였죠. 일단 첫해는 새마을지도자의 역량 같은 걸 모르니까요. 시작할 때는 그런 게 가장 큰 평가 요소 중에 하나죠.

현장 확인은 어떻게 했나요?

새마을필승사업부터 말씀드릴게요. 일단 담당자들이 연말에 평가를 해요. 결산자료를 전부 받아서 봅니다. 평가표를 만들어서 각 구청에 내려 줘요. 작성해서 올라오는 거죠. 일부 확인이 필요한 것들은 가서 현장 확인도 하고요. 우수마을지원사업이나 대통령특별사업 같은 것들은 전부 현장 확인까지 다 했어요.

그걸 서울시에서는 내무부한테 보고를 하는 건가요?

내무부한테 보고를 하죠. 그런데 사실 내무부에서는 미주알고주알 보고는 안 받더라고요. 왜냐하면 워낙 시·도가 많으니까요. 그 중에 새마을가꾸기사업에서 승격하면 우수마을이 된 게 몇 개인지, 대통령 경제동향보고회 때 우수사례로 발표할 것들, 그 정도만 보고를 받았어요. 서울시에 대해서는 그렇게 간섭은 안 했어요. 물론 서울시에서 하는 도시새마을운동 자체가 한계가 있으니까요. 그리고 이런 사업들이 세월이 가면 갈수록 없어져요. 그렇지 않습니까? 새마을가꾸기사업은 원래 없어져야 맞는 거죠. 제가 관리할 때는 40개 마을이 있었어요. 나중에는 갈수록 자꾸만 줄어들고 그랬죠.

신청한 곳이 120개라고 하셨는데요. 그럼 대상 마을은 얼마나 됐나요?

90%는 지원이 됐어요. 일단 올린 동네는 거의 다 해줬어요.

그러면 주는 금액 자체는 조금 적겠네요.

그렇죠. 평균 지원 대상 마을당 한 100만 원 정도 줬다고 생각하면 돼요. 어떤 데는 더 적게 간 데도 있고요.

마을 구성원들이 다 참여하지 못하는 경우도 있잖아요. 예를 들어 마을이 모두 10호인데 7호만 참여할 경우에 지원은 어떻게 하나요?

그건 우리는 모르지요. 일단 해당 마을에서 자부담을 30%로 하겠다고 계획을 올리면 그렇게 주는 거죠. 그걸로 된 거죠. 아마도 수익률 배분에서 제외가 되겠죠. 그리고 나중에 우수마을로 승격이 되면 지원이 늘어나는 거고요. 물론 실패했지만 의욕이 있는 경우에는 다시 지원해 주기도 했어요. 새마을지도자가 각서를 쓰기도 하는 거죠. 하지만 두 번 실패하면 완전히 아웃이죠.

내곡동의 신흥마을 축산단지를 방문한 양택식 시장(1973년)

본청에 계실 때 선생님이 직접 현장을 돌았나요?

물론이죠. 다 돌아다녔어요. 본청에서 사업계획서를 수합할 때는 구청 담당자들이 와서 설명을 하고요.

본청 새마을지도과와 새마을사업과에도 구청처럼 차량 배치가 따로 있었나요?

본청은 차가 없었어요, 구청에 새마을차가 있으니까 그거 타고 다녔죠. 제가 1번씩은 다 돌아다녔습니다.

시골과 비슷했던 1970년대 당시의 강남

사업계획을 가장 많이 올린 곳은 어디였나요?

강남구가 그때 제일 많이 올렸어요. 강남구는 보통 일주일을 잡고 다녔어요. 거기 마을지도자들이 있잖아요. 그때는 그 사람들 집에 전화도 없었어요. 그때는 핸드폰이 없었잖아요. 거기는 자기 집에 전화 있는 사람도 극히 드물었어요. 한참을 기다리고, 찾으러 다녀야 하고, 그러니까 거기는 일주일 내내 돌아다니는 거예요. 출근을 그리로 할 때도 있었고요.

업무 파악하실 때 고생을 많이 하셨겠네요.

네, 마을 위치를 알아야 하니까요. 어느 마을이 도대체 어느 동에 있고, 이 사업이 뭔지, 알아야 하니까요.

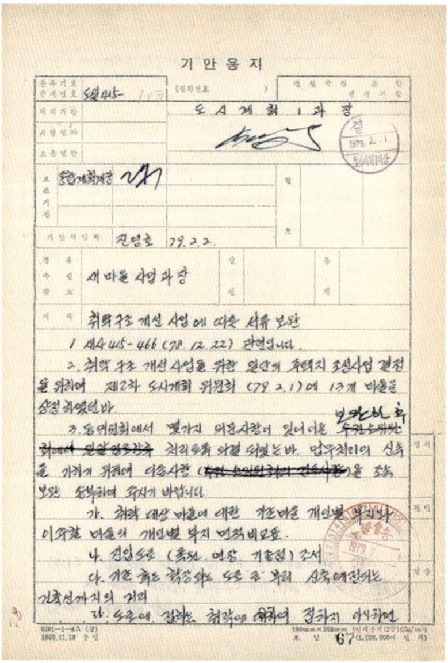

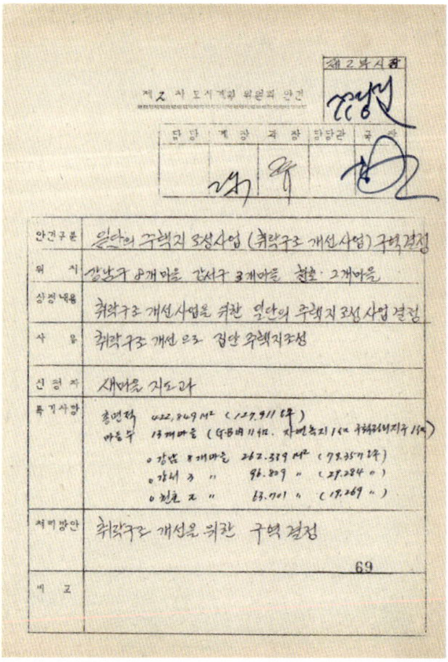

취락구조 개선사업 관련 공문(1979년))

그러면 도심과 떨어진 근교 마을이나 산기슭에 위치한 마을이 아니라면 새마을가꾸기사업의 대상이 될 수 없는 건가요?

그렇죠. 도심지는 대상이 아니었거든요. 도심지는 통 단위 사업이었죠. 근교 같은 데는 소득과 연계된 사업을 해서 부를 축적하고, 그다음에 마을이 조금 모여서 취락 형태가 되면 그때부터는 통 단위 새마을사업 대상이 되는 거예요. 그러니까 굉장히 산개된 마을들이죠. 근교 마을이라는 것 자체가 말이죠.

그러면 새마을가꾸기사업 올라온 것 중에서 인상 깊었던 사업이 있으셨어요?

지금은 아주 도심지가 되어 버렸던데 저기 강남구 세곡동 못

골마을이라고 있어요, 가보니까 묘목사업을 신청을 했더라고요. 제일 처음에는 아마 100평 정도를 하고 있었어요. 묘목을 심어놨어요. 무슨 나무인지는 기억이 안 나네요. 제가 판로를 물어봤죠. 한 1년 정도만 더 크면 팔 수 있다고 하더라고요. 자부담으로 100만 원 들었다고 해요. 비료나 농약 같은 게 들어가겠죠. 그래서 전부 팔면 금액은 얼마 정도 되는지 물으니까 한 400만 원은 받는데요. 일부는 주민들이 공제를 한다고 해요. 200만~300만 원은 남겠죠.

그런 마을은 뭐 볼 것도 없이 우수마을로 승격이 되는 거예요. 근데 이 사람들이 아니나 다를까 100평을 더 늘리겠다는 거예요. 그 당시는 또 묘목 값도 오르고 그랬거든요. 1,500만~2,000만 원 더 지원해 준 기억이 나요. 잘 됐어요. 제가 1979년까지 본청 새마을사업과에 있었거든요. 그때까지는 잘 됐어요. 아마 나중에는 그 동네도 취락구조개선사업 바람이 불어서 집 같은 거 다 바꾸고 했을 겁니다.

그렇게 소득이 나온 것은 마을의 공동 경비로 썼나요?

일단 관에서 수익을 수거해가지는 않죠. 하지만 공동 경비로 하라고 권유는 하죠. 그 돈 가지고 마을회관도 자체적으로 짓고, 어떤 환경 개선 사업을 할 수 있으면 하라고 하죠.

새마을가꾸기사업이 잘 추진된 마을의 공통된 특징이 있었나요?

새마을지도자의 열의나 리더십이 중요했어요. 이런 것이 강한 데는 확실히 잘 됐어요. 우리가 기대했던 것보다 훨씬 성과가 좋았어요. 지도자의 역량에 따라서 지원해준 사업이 소기의 성과를 거두느냐, 못 거두느냐 그게 크게 좌우된다고 봤고요. 그래서 대충 보면 80% 정도는 그런대로 된 거고, 20% 정도는 조금 미흡했죠. 그리고 80% 정도 중에서도 한 20% 정도는 아주 잘 된 경우였고요. 대략적으로 상위 20%, 중위 60%, 하위 20%, 그 정도였어요.

하위권의 경우에는 혹시 천재지변이나 자연재해 같은 게 원인이 되었나요?

서울은 거의 상관이 없었어요.

그럼 어느 정도가 우수마을지원사업 대상으로 선정됐나요?

일단 20% 정도는 탈락시켜요. 나머지를 우수마을 대상 사업으로 하죠. 구청을 통해서 어떤 사업을 하고 싶은지 사업계획을 내라고 해요. 거창하게 하는 게 아니고, 묘목을 더 확장한다던지, 육우를 하다가 비육우도 한다던지, 조금씩 더 늘리는 거예요. 물론 다른 유형의 사업을 신청하는 경우도 있고요.

126개 정도의 마을이 신청을 했잖아요. 혹시 그 안에서 마을들이 사례들을 공유하는 사례가 있었나요?

그럼요. 제가 방금 강남구가 제일 많았다고 했잖아요. 이 사람들이 2차년도 사업 신청을 할 때 우리가 구청에 권유를 해요. 잘 된 마을에 견학을 시키라고요. 마을지도자들을 초청해서 성공한 마을의 지도자가 설명도 하고요. 자기들의 사업 추진 과정이나 그만한 성과

강남구 세곡동 은곡마을 취락구조 개선사업 기공식(1979년)

를 내기까지의 과정을 쭉 설명도 해주고요. 그런 걸 많이 공유를 했죠. 그러면 자기들이 보고 그 사업으로 바뀌던지, 참조하던지, 나은 쪽으로 가는 거예요.

강남 지역 말고 강북 지역은 대상 지역이 있었나요?

강북은 없었어요. 거기는 다 통 단위 사업이었죠. 새마을가꾸기사업은 강남, 강서, 강동, 이런 곳들이었어요. 강동 쪽은 천호출장소가 있었죠. 거기는 암사동의 암사마을 같은 곳들이었고, 강서 쪽은 김포공항 주변 마을들이 있었고요. 강북은 동대문 쪽 신내동에 하나 있었던 것 같은

데 기억이 잘 안 나네요. 거기는 별로 시원찮았던 것 같아요.

새마을사업 진행과 예산 할당 방식

예산은 정부가 주는 거였나요? 아니면 서울시 예산이 투입됐나요?

일단 내무부가 돈을 줍니다. 그런데 전국적으로 주는 거니까 많이 줄 수가 없어요. 기껏해야 아까 말했듯이 100만 원 정도였어요. 그러니까 새마을가꾸기사업 할 때도 서울시에서 126개 마을을 선정했지만 내무부에서 돈을 다 안 줬어요. 그러면 시비를 보태서 주는 거예요. 내무부에서는 취락 단위가 10가구인 곳까지만 지원을 해주더라고요. 그런데 우리는 나름대로 10가구 미만이라도 새마을가꾸기 대상 사업에 포함을 시켰던 거죠. 그래서 126개가 된 거예요.

당시 시장은 새마을운동에 적극적이었나요? 아무래도 시장이 밀어줘야 인사나 예산지원이 잘 될 것 같습니다.

제가 있을 때가 구자춘[3] 시장이랑 정상천[4] 시장 때였어요. 다들

3 구자춘(1932~1996)은 제16대 서울특별시장으로 1974년 9월 2일부터 1978년 12월 21일까지 재임하였다. 경상북도 달성 출신이다. 1963년 육군 대령으로 예편하였고 제주도지사, 경북도지사, 내무부 장관 등을 지냈으며, 제13·14대 국회의원을 역임하였다.

4 정상천(1931~2015)은 제17대 서울특별시장으로 1978년 12월 22일부터 1980년 9월 1

강서구 발산동의 신광명마을 취락구조 개선사업 준공식에 참석한 정상천 시장(1979년)

새마을운동에 대해서 잘 알아요. 정 시장 같은 경우에는 청와대에서 정무수석도 했잖아요. 그러니까 서울시 예산에서도 새마을 쪽에 돈을 더 주라고 했어요. 예산 편성 때도 우리가 요구한 건 웬만하면 다 들어줬어요. 두 양반들이 워낙 새마을에 관심들이 많은 양반이었잖아요. 그리고 두 양반 할 때가 새마을이 피크였죠.

일까지 재임하였다. 경상남도 진주 출신이다. 내무부 치안국장, 청와대 제2정무수석비서관, 강원도지사, 해양수산부 장관 등을 역임하였다.

1970년대 후반이 새마을운동의 최고 전성기였던 거네요.

대통령의 적극적인 관심이 있었으니까요. 새마을 부서에서 이렇게 예산을 편성해서 올리면 예산과에서 칼질을 거의 못했어요.

그렇다면 아무래도 1979년 박 대통령 서거가 새마을운동의 분기점이 되었겠군요.

딱 1979년도가 분기점이 되는 거죠. 의도치 않게 그렇게 되었죠.

선생님이 보시기에 만약 대통령이 서거하지 않고 계속 새마을운동이 정상적으로 계속 진행되었을까요?

아마 2~3년은 더 진행됐을 거예요. 하지만 제가 1979년에 다른 부서로 갔는데 그 이후로 우수새마을에 대해서 저한테 물어보는 사람이 없었어요. 제가 기존 담당자였으니까 후임자가 당연히 저한테 물어볼 거 아닙니까? 근데 저한테 거의 안 묻더라고요. 사실상 없어졌다고 보는 게 맞죠.

이때 새마을지도자들의 연령대라고 할까요? 이런 것들이 조금 편차가 많이 있었나요?

보통 40대 중반에서 50대 중반이었어요.

연령대가 조금 있는 편이네요.

왜냐하면 거기에 오래 살고 주민들한테 신망도 있어야 하거든요. 20~30대가 할 수는 없어요. 그리고 20~30대는 학교나 시내로 취직하러 나갔고요.

당시 시골 마을에서는 20~30대 청년들이 여러 가지 새마을운동을 추진하고 있거든요. 5·16 이후에 군대에서 나온 젊은이들이 적극적으로 활동을 하는 사례도 있고요. 서울에서의 새마을지도자들 경우에는 약간 다르다는 거네요.

젊은 지도자는 기억이 안 나요. 주민들 연령대가 좀 높아요. 아주 젊은 사람들은 거의 없었어요. 자식들이 있어도 그네들이 주도해서 새마을지도자로 나설 나이도 아니었고요.

그린벨트에서의 취락구조개선사업과 땅 투기

이번에는 취락구조개선 사업으로 넘어가서 질문을 드릴게요. 이 경우에는 위에서 지시가 내려온 거죠?

그렇죠. 전국적인 사업이었으니까요. 1977년 말 정도였던 걸로 기억하네요. 농촌새마을이 어느 정도 궤도에 올랐죠. 마을 안길 사업이라든지, 지붕 개량이라든지, 농로 확장이라든지, 이런 기본적인 사업들이 궤도에 올랐잖아요. 그러니까 이제는 농촌도 옛날 가옥이 아니라 좀 더 생활 수준에 맞는 문화적인 가옥으로 개선되어야 한다는 거였죠. 내무부에도 주택개량과가 생겼고요. 그런데 처음에는 서울시 같은 경우에 내무부 지원 대상에서 빠졌더라고요. 부산은 있는데 말이죠.

서울시는 서울시 예산으로 하라고 했었나 보네요.

그렇죠. "서울이 할 데가 있습니까?"라고 하더라고요. 그래서 우리 쪽 내무국장이 시도국장회에 우리도 사람들을 보내겠다고 했어요. 결국은 제가 갔어요. 거기에서 물어봐요. 그러면 어디를 할 거냐고 말이에요. 실은 제가 가기 전에 우리 과장이랑 계장이랑 말을 좀 했거든요. "경부고속도로 주변이 중요하다. 서울로 들어오는 관문이다. 거기가 1차 대상이다."라고 했죠. 공감하더라고요.

도시 미관의 개념이 좀 들어갔네요. 그렇다면 단순히 지붕을 개량하는 것 이상으로 일을 추진했을 것 같은데요.

네, 거의 신축입니다. 명칭만 개량이라고 되어 있을 뿐이죠. 취락 형태를 바꾸는데 옛날 집을 그대로 놔두면 되겠습니까? 길도 전부 반듯반듯하게 까는데 말이죠.

그러네요. 일단 제가 듣기로는 주택의 평수도 정해졌다고 하더라고요.

서울은 대지면적이 120~150평이 기준이었어요.

지방 농촌 같은 경우에도 정해져 있었던 건가요?

그 사람들도 그게 권장 사항이죠. 농촌도 대부분 그렇게 했어요. 수세식 화장실, 입식 부엌, 거실, 주택 구조를 바꿉니다. 내무부 지시에

다 포함이 되어 있어요. 수세식이니까 수도도 같이 들어오고요.

국비는 얼마나 지원을 해줬나요?

건축비를 평당 20만 원으로 잡더라고요. 물론 농촌도 그것보다 더 들어요. 괜히 부풀리면 엄청 늘어나니까 내무부에서 일부러 그렇게 잡았죠.

서울은 돈이 더 들었을 것 같은데요.

서울 같은 경우엔 턱도 없죠. 그래서 20만 원으로 잡은 다음에 보통 건물은 25~30평 정도로 지어요. 대지는 100평 내외, 그러니까 건폐율建蔽率을 30%로 잡는 겁니다. 그러면 공지가 한 70평 정도 나오죠. 그 대신 거기에 농기구 창고 같은 걸 별도로 지을 수도 있어요. 아니면 지하실을 만들던지요.

당시 신문들을 보니까 서울 외곽 지역의 경우 이런 주택 개량이 그린벨트 문제랑 엮이면서 문제가 되더라고요.

맞아요. 그랬죠. 대상 지역이 대부분 그린벨트였죠. 그런데 기존 주택에 한해서는 신축을 가능하게 한 겁니다. 그러니까 일종의 재건축 개념이지요. 서울시에서 지침을 내렸어요. '30평이면 플러스 10평이다. 10평은 지하실로 한다.'라고 말이죠. 원래 지하실도 평수에 산입되는데 시장 방침을 받아서 그런 방식으로 40평까지 허용을 한 거죠. 예를 들면 지상 30평, 지하 10평, 그런 식으로 방침을 받았죠.

그런데 그 지역은 그린벨트였습니다. 증·개축 같은 것이 허용된다면 문제가 될 것 같은데요. 취지가 좋아도 이익이 되면 사람들이 악용할 것도 같고요.

맞아요. 그것 때문에 나중에 감사도 받고 그랬어요. 일단 그때까지는 그린벨트 내에서 그렇게 사업이 힘들다는 건 인식을 못했어요. 우리는 어디를 최우선 순위로 둘 건지만 생각했던 거예요. 기본 설계안도 7개 정도로 해서 제시를 했지만 그대로 진행하는 사람이 하나도 없더라고요. 사람들이 그래요. 모두가 '이제 그린벨트에 집을 짓게 됐다.'라고 욕심이 생기는 거예요. 기왕에 그린벨트에 모처럼 집을 지을 수 있는 기회가 되었으니까요. 그리고 1호당 20만 원씩 지원비용을 줬거든요. 나머지는 자비로 하라고 했고요. 농협에서 융자를 받게 했어요. 1~3년 거치, 20년 균등상환이었죠. 서울은 아마 그때 건축비가 최소한도 평당 80만~100만 원 정도였을 거예요.

서울이니까 건축비가 좀 비쌌네요.

그렇죠. 그런데 정작 문제는 이게 전매가 된다는 거였어요. 사고팔 수가 있어요.

아, 땅 투기가 되네요.

그렇죠. 팔고 나가는 거예요. 집 지을 수 있는 권리를 파는 거예요. 집값은 거의 없는 거죠. 땅값에 프리미엄을 붙여서 파는 거예요. 그 대신 집이 있어야 건물을 지을 수 있죠. 소위 '용마루값'이라고 하더라고요. 그네들 표현에 의하면요. 그걸 가지고 전매를 하는 거예요.

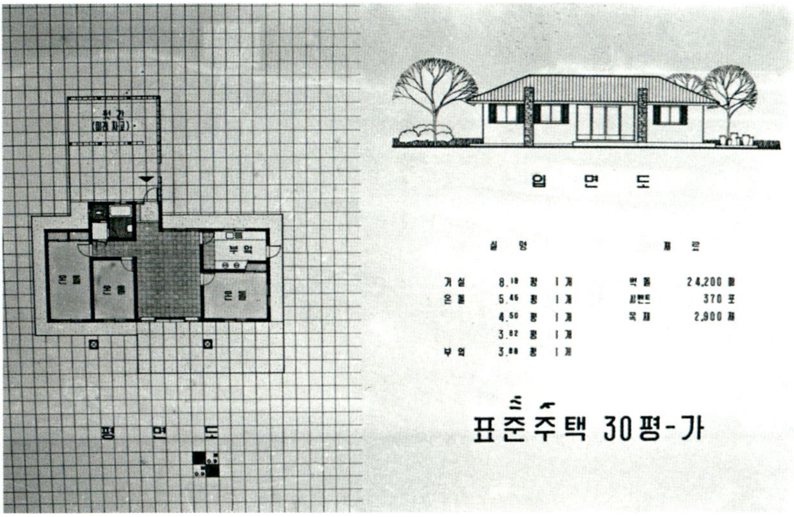

취락구조 개선사업 표준주택 설계도(1979년)

서울시에서는 전매나 투기를 못 막았나요?

일단 처음에는 전혀 예상을 못 했죠. '설마 농촌주택개량사업인데 거기에 누가 들어올까?'라고 생각을 했던 거예요. 나중에 그런 사실을 알고 나니까 '그래, 나 같아도 들어가겠다.'라는 생각까지 들더라고요. 신문이랑 방송에서 다 보도했어요. 벌써 부동산에 눈을 뜬 사람들은 감이 오는 겁니다. 물론 전매를 하면 서울시에서 지원금을 안 준다고 했어요. 공문도 수없이 내려보냈고요. 은행 융자도 알선하지 않겠다고 했죠. 그런데 사유재산권이니까 우리가 관여할 입장이 아니지 않습니까? 덕분에 전원주택이 다 들어섰어요. 아마도 행정이 법보다는 능률 위주였기 때문에 그랬던 것 같아요. 사업이 빨리 진척되어야 한다는 생각 때문에 말이죠.

얼마나 많은 사람들이 전매했나요?

약 40%는 나갔다고 봐야죠.

그런데 집을 새로 짓는다고 해도 바로 만들어지는 게 아니잖아요. 그리고 원래 평수가 아니기 때문에 자기 마을에 그대로 산다고 해도 구획정리를 하는 거니까 자기 집 위치도 바뀔 것 같고요.

그렇죠. 모양도 다르고, 완공 시기도 마을마다 조금씩 다르죠. 1년 안에 될 사업이 아니에요. 예를 들어서 1978년도 사업이라고 하면 1979년도까지 넘어가는 거지요. 주택 완공은 그다음 해에 이뤄지는 겁니다. 기반 시설, 상하수도, 이런 것도 만들어야 하니까요. 그게 끝난 다음에 택지 배정이 되는 거죠. 택지 정산을 하면 택지 배정 때 주민들이 심지를 뽑는 거예요. 일반 택지에서부터 100가구라고 하면 100번까지 뽑는 거죠. 누구는 100번에 걸리고, 어떤 사람은 1번에 걸리고요.

아파트 추첨 같네요. 마을 안쪽에 살던 사람도 번호를 잘 뽑으면 도로변의 제일 앞쪽으로 나올 수 있겠네요?

그렇죠. 운 좋으면 되는 거죠. 강제로 하면 누가 수용을 하겠습니까? 안 하지요.

전매 문제 말고는 특별히 어려움을 호소하거나 그런 건 없었나요?

말씀드린 대로 주민들이 욕심이 많아서 터무니없이 집을 크게 짓고 그랬어요. 진도가 막 늦어지는 겁니다. 그다음에는 전신주 이축

문제가 있어요. 왜냐하면 전기를 끊고 작업해야 하거든요. 한전에서도 전기가 쭉 오는데, 시기를 조절하기가 엄청 어렵더라고요. 아무래도 주민들 간에 욕심이 한이 없어지는 것 같더라고요. 서울시에 이거 저거 좀 해달라고 하는 거죠.

민원들이 많았나 봅니다.

민원들이 많이 들어왔어요. 요구사항도 많죠.

새마을운동사업 일환으로 추진된 태양열 주택

얘기를 들으니까 이 시기에 벌써 태양열 주택을 지원했다고 하더라고요.

맞아요. 암사동이었어요. 우리가 시범 사업을 또 했지요. 기왕에 집 짓는 김에 희망하는 가구들한테 솔라하우스solar house, 태양열 발전을 지붕에다가 설치해 보자고 했어요. 몇 군데 했어요. 암사동 점마을었던가? 양지마을이었던가? 그랬을 겁니다. 그때 서울시에서 설치비를 50만 원이었나? 그 정도 지원해 주겠다고 했어요. 물론 지금보다는 설치비가 비쌌죠. 물론 몇 가구밖에 신청을 안 했어요. 아마 3~4군데 정도 했을 거예요. 그리고 서초 쪽에도 몇 가구를 하고요. 아마 1978년에는 강남 쪽에 11개 마을, 1979년에는 강서랑 천호 쪽이었던 것 같아요. 그때는 19개 마을이었을 겁니다.

설치한 건물 수는 대략 어느 정도였나요?

건물 수가 한 1,900채 정도 될 거예요. 그래서 다 합치면 아마 3,300채 정도 될 거예요.

예산이나 담당하는 연락관 같은 직원들 규모도 많이 늘었을 것 같습니다.

1978년도 사업 중에서 끝나는 데는 또 빼서 이듬해에 다른 곳으로 보냈어요. 덕분에 실질적인 인원은 늘진 않았어요. 7~8명? 아마 전체적인 인원은 그 정도로 유지가 됐을 거예요.

다른 것도 아니고 태양열 발전판 같은 건 확실히 눈에 보이는 것인데요. 그럼 이것도 1년 단위로 평가를 했나요?

그렇죠. 이거 같은 경우에는 내무부 지원이 없었긴 했어요. 하지만 제가 매주마다 청와대 정무2비서실에 가서 보고했어요. 사업 진도를 그때그때 작성해서요. 그때 청와대 정무2비서관실의 담당 비서관이 나중에 서울시 부시장이랑 서울시립대 총장을 한 이동[5] 씨였어요.

이야기가 그렇게도 연결될 수 있네요.

그렇죠.

---

5 이동(1941~2018)은 서울대학교 건축공학과를 졸업하고 미국 콜롬비아대학 도시계획과에서 석사학위를 받았다. 서울시 종합건설본부장, 지하철건설본부장을 지냈다. 이후 서울시 행정2부시장과 서울시립대학교 총장을 역임하였다. 부시장 재임 기간은 1994년 12월 6일부터 1998년 8월 2일까지이다.

창고나 지하철 이외에 축사는 설치한 경우가 있었나요?

기존 시설에 있는 경우에는 할 수가 있어요. 그런데 취락구조 개선이었기 때문에 축사를 짓는다고 하면 다른 사람들이 가만 안 있죠. 냄새가 나니까요. 그러니까 그런 건 처음부터 짓질 않더라고요. 창고도 지하로 넣은 사람들이 많았죠. 자기들도 알아요. 거기서 농사짓는 사람이 거의 없었어요. 있더라도 딴 데 있는 겁니다. 그리고 거기서 축사를 지으면 자기 집값이 떨어진다는 걸 뻔히 알거든요.

일단 거긴 순수하게 주택만 있는 마을로 변화가 되는 거네요?

네, 그렇게 되었죠.

아까 그 지역이 경부고속도로가 진입하는 곳이라는 점이 크게 작용했다고 하셨잖아요. 그렇다면 나중에 대통령이나 시장이 그 동네를 시찰해 보고는 좋다거나 혹은 나쁘다거나, 그런 말을 했나요?

일단 1978년도 말까지 좌우지간 형태는 다 들어섰어요. 구자춘 시장이 와서 그랬다고 합니다. 박 대통령이 칭찬했다고요. "어, 여기가 많이 바뀌었구나."라고 말씀하셨대요.

취락구조개선사업이 이후에도 계속 진행되었나요?

1979년도 사업으로 사실 끝난 거예요. 그래도 1980년까지는 갔죠. 경기도나 다른 곳은 잘 모르겠어요. 일단 서울시는 그걸로 끝이었어요. 물론 박 대통령이 살아 계셨으면 그 사업을 몇 년 정도 더 했을 거예요.

새마을자연보호운동 이야기

공교롭게도 1979년에 기존에 진행되었던 사업들이 1차적으로 완료되고 있던 시점이라고 할 수 있겠습니다.

그렇죠. 새마을운동의 어떤 전환기였어요. 대통령의 유고 같은 걸 떠나서 말이죠. 그래서 1978년도 말부터 자연보호운동이 딱 대두가 되었어요. 크게 이슈가 됐죠.

실무자 입장에서도 사업의 내용이나 혹은 주요 대상이 변화되는 시기였다는 거네요.

네, 그렇죠.

그러면 자연보호운동도 새마을 담당 부서에서 진행했나요?

그럼요. 비중도 커지고요. 1978년에 대통령이 자연보호, 자연의 중요성, 자연보호의 중요성, 이런 걸 강조했어요. 연두교서에서 그랬나? 하여튼 뭐 기자회견을 하니까 갑자기 내무부에서 서울시로 요청이 왔어요. 자연보호헌장, 이런 걸 해야 한다고 해요. 서울시에서 적절한 학자들을 접촉해서 헌장 초안을 만들어 달라고 해요. 내무국장도 지시했어요. 새마을자연보호운동을 어떤 식을 전개할 것인지, 새마을지도과에서 주관을 하라고요. 그래서 과장이랑 제가 월탄月灘 박종화[6] 선생 집으로 찾아갔습니다. 그 양반 집 주소는 기억이 안 나네요. 과장하고 저랑 그냥 큰절을 올린 기억이 납니다. "정부에서 새마을자연보호운동을 대대적으로 전개할 계획입니다. 자연보호헌장 초안을 써주십시오."라고 했죠. 그분도 "나도 뉴스에서 본 것 같아. 내가 한 번 써서 연락을 하지."라고 하셨죠. 한 1주일인가 후에 연락이 온 것 같아요. 그때 그 초안을 우리가 내무부에 전달했습니다.

1978년 10월에 발표된 자연보호헌장이 박종화 선생님의 초안 그대로였나요?

월탄 선생이 쓴 초안을 갖다 주긴 했지만 그게 어느 정도 반영이 됐는지는 잘 모르겠어요.

일단 새마을운동 중에서 자연보호운동이 1978년도에 시작을 해서 1979년도에는 이게 비중이 점점 커졌다는 거네요.

그렇죠. 그게 1980년대까지 갔던 거죠.

---

6 박종화(1901~1981)는 서울 출신으로 1920년 10월에 문학지 《문우(文友)》를 창간하고, 1921년에는 《장미촌》의 동인이 되었다. 〈오뇌(懊惱)의 청춘〉, 〈우유빛 거리〉 등을 발표하면서 문단에 등단했다. 1922년 1월 홍사용·이상화·나도향·박영희 등과 함께 《백조》를 발행했다. 작품으로는 단편소설 〈금삼의 피〉, 〈아랑의 정조〉, 장편소설 《임진왜란》, 《월탄삼국지》 등이 있다.

전두환 대통령 때에도 계속 진행이 됐던 거죠?

네, 맞습니다. 솔직히 전 대통령 때 실질적으로 한 건 자연보호밖에 없어요. 말은 뭐 '새마을운동의 활력화'라고 했지만 정부에서 제시한 사업이 없었어요.

별다른 사업이 없었다고 하면 서울시의 새마을사업과에서는 자연보호운동 관련한 업무가 없었나요?

자연보호운동 같은 경우에 서울시에서는 새마을지도과에서 했죠. 그것도 매주 그냥 공문을 돌리는 거예요. 처음에는 새마을 대청소하고 똑같이 공무원들 동원하는 겁니다. 토요일날 일찍 끝나니까 서울시 버스가 열몇 대 있어요. 직원들 통근버스, 행사 있을 때 주민들 실어 나르는 버스, 그 버스들에 직원들 태우고 가서 도봉산, 관악산, 어디 돌아다니면서 전부 쓰레기 줍고, 그러다가 나중에는 산불예방도 했죠. 그것도 뭐 '새마을산불예방'이라고 했는걸요.

자연보호운동의 하나로 산불예방운동도 했군요.

그렇죠.

또 다른 새마을사업들

새마을운동 관련 내용을 듣다 보니까 학교새마을운동, 시장새마을운동, 이런 것들도 있더라고요. 이런 것도 새마을지도과 업무였던 건가요?

그런 것들은 새마을지도과도 특별히 챙기진 않았어요. 일단 시장새마을운동부터 말씀드릴게요. 일단 시장에 가 보면 공로公路가 있을 거 아닙니까? 그런데 전부 서로 자기 물건들을 거기에 적재해 놓는 거죠. 사람이 다닐 수가 없잖아요. 그 공도公道찾기운동부터가 사실 시장새마을운동이에요. 어떤 사람은 차양을 막 중앙까지 쳐놓고 그렇죠. 이런 걸 정비하자는 거였어요. 그런 게 시장새마을운동이었죠. 그다음에 학교새마을운동은 사실 별거 아니에요. 학교 학생들 동원해서 새마을청소 나가는 거죠. '우리 학교는 우리가 쓸자.'라는 슬로건을 내거는 거죠.

청소를 하는 건가요?

네, 주로 학교 내에서 하는 거죠. 학교새마을운동은 뭐 특별히 부각된 건 없어요. 명칭만 그렇게 붙였죠. 직장새마을운동이랑 비슷한 개념이라고 할까요? 너희도 직장 개념이니까 거기서 너희들한테 적합한 걸 하라고 하는 거죠. 그다음에 너희네 학교 학생들한테 새마을 교육을 시키라고 하고요. 그래서 학교새마을은 어디서 부각되거나 한 건 없었어요. 그냥 명칭만 갖다 붙인 거였죠.

1980년대에도 학교에서는 폐지를 갖고 오라고 했죠. 그걸 팔아서 학교운영자금으로 쓴다고 했던 것으로 알고 있습니다. 그런 것도 학교새마을운동이었나요?

네, 맞아요. 심지어 옛날에는 쥐잡기 사업이라고 해가지고 소위 구서驅鼠 작업이라는 것도 있었어요. 쥐를 전부 가져갈 수 없으니까 꼬리만 잘라가지고 가서 보여주는 거예요. 쥐잡기운동도 새마을 쥐잡기운동이라고 그랬죠.

굉장히 다양하게 사업들이 진행됐네요. 혹시 학교 교사들도 이런 것들이 실적으로 올라갔나요?

그럼요. 그러니까 방학 때 방학 숙제로 쥐꼬리 10개 이상 가져오라고 했던 겁니다.

학교는 교육부 소속인데도 새마을사업들을 했다는 거네요.

그럼요. 그런 사업들을 했죠. 상공부 같은 데는 공장새마을운동, 그다음에 보건복지부는 부녀사업, 새마을부녀저축사업, 농림부에서는 절미節米운동, 그러니까 쌀 아끼기 운동, 이런 걸 했던 겁니다. 그걸 내무부에서 수합을 받아서 청와대에 보고하는 거죠.

다시 중구청 새마을지도계장으로 발령받다

이렇게 본청에 계시다가 1979년 11월에 중구청 새마을지도계장으로 가십니다. 거기서는 어떤 업무를 맡았나요?

원래는 새마을 말고 다른 부서를 가고 싶었어요. 너무 힘들었거든요. 그런데 거기 가니까 또 새마을운동을 하라는 겁니다. 일단 자연보호운동 관련이 많았어요. 첫 번째가 중구 남산에 자연보호헌정비를 세우는 일이었어요. 남산 관리를 서울시 녹지국에서 하거든요. 그리고 두 번째는 명동지하상가나 충무로지하상가에 커피 자판기를 설치하는 일이었어요. 그다음에 세 번째는 중구에 도시새마을연수원이라고 조그맣게 만들어 놓은 게 있더라고요. 중구에서 자체적으로 마련한 거예요. 그런데 이게 장소도 비좁고 그러니까 안 되겠어요. 이전시켜야 한다고 하더라고요. 그런데 구청에 돈이 없어요. 그래도 "3개월 이내에 해라." 딱 그러더라고요. 발령받은 그날 구청장한테 과제를 받았습니다.

그런데 제가 보기에는 자연보호헌정비 건립 같은 건 뭐 새마을운동이랑 관련이 있다면 있다고 할 수는 있을 것 같지만, 자판기 설치는 새마을운동이랑 무슨 관련이 있는지는 잘 모르겠습니다.

그러니까 안 되는 건 전부 새마을 부서한테 시키는 거예요. 그 당시 구청장들이나 시장이나 어렵고 안 되는 건 '새마을'이라고 붙여

남산공원에 세워진 자연보호헌장비

서 새마을 부서에서 하라고 했던 거죠. 사실 취락구조사업도 주택개량사업이었으니까요. 주택국에서 해야 할 사업이죠. 새마을에서 할 사업은 아니거든요. 근데 시장이 하라고 한 거니까요.

연수원 같은 경우에는 예산도 없는데 어떻게 처리했나요?

역시 연수원을 이전시키는 게 제일 어려웠죠. 장소 확보도 힘들고, 돈이 들어가니까요. 제가 시청의 새마을지도과 과장한테 사정사정해서 본청의 지원을 받았습니다. 일단 3,000만 원 예산지원을 받았어요. 보니까 황학동사무소 건물이 있더라고요. 3층짜리 건물이었는데, 거기 2~3층을 수리해서 강당이랑 사무실을 꾸렸어요.

도시새마을연수원이죠?

그렇죠. 중구도시새마을연수원이었습니다.

거의 새마을운동 지도를 하기 위한 것이었나요?

새마을지도자 교육도 하고 방학 때 대학생들 새마을 교육도 했지요. 비용도 안 받았어요.

예산 부담이 늘어나는 거잖아요.

서울시의 돈을 받아서 이사를 했습니다. 그러면 이제는 자체적으로 운영비가 있어야겠죠. 그래서 중구도시새마을연수원에서 운영위원회를 구성했습니다. 소위 말하면 중구의 재력가들을 섭외했죠.

유지들을요?

그렇죠. 큰 유지들은 제가 찾아갈 입장이 못 되고요. 구청장이 해야 하는데 구청장이 뭐 그런 거 합니까? 그래서 중구에서 요식업이나 이런 것 중에서 그래도 괜찮다는 양반들을 모셨어요. 대표적인 게 명동에 가면 이학이라는 음식점이 있어요. 다음에 미조리 일식집, 그분들이 공교롭게도 저와 같은 충남 사람들이에요. 충남 청양군이었어요. 두 양반들도 흔쾌히 승낙을 하더라고요. 그다음에 장충동 가면 태극당 신창근 회장, 그리고 명성그룹 김철호 회장도 모셨지요. 명성콘도라고 하면 많이 들어봤을 거예요. 그분이 필동에 살더라고요. 필동 새마을지도자셨어요. 이런 분들이 해서 열다섯 분을 모셨어요. 한 달에 15만 원씩 주셨어요. 그 당시에 15만 원이면 큰돈입니다.

이게 언제까지 했던 거예요?

제가 끝난 다음에도 많이 했어요. 제가 중구에서 새마을지도계장을 2년 했습니다. 2년을 하고 저 끝난 다음에도 한 2년 정도 더 이어졌습니다. 저까지 포함해서 4~5년은 했을 거예요. 연수원 운영을 말이지요.

운영위원분들이 계속 지원을 해주시고요?

네, 그렇죠. 그분들이 참 고마운 양반들이에요. 5년 동안 그렇게 비용을 내기가 쉽지만은 않았을 텐데도 말이지요.

이번에는 다른 질문을 드릴게요. 1980년대의 새마을운동, 어떻게 보면 새마을운동이 약화되는 시기라고 볼 수 있습니다. 선생님의 경우에 1981년도까지는 중구 새마을지도계장을 하시고 가셨잖아요. 그러니까 그 무렵부터 '새마을'이라는 이름이 서서히 없어지기 시작하는 시기랑 맞물리거든요. 혹시 나가실 때 '새마을과'라는 명칭이 있었나요?

그때는 아직 있었어요.

새마을운동이 약화되는 기류 같은 걸 느끼셨나요?

그렇죠. 예산도 확 줄죠. 시에서부터 사업 자체가 없어지는 사업들이 많았고요. 박 대통령 서거 이후에는 완전히 시들해졌다고 봐야죠. 전두환 때 '새마을운동의 활력화'라는 기치를 내걸긴 했어요. 그래서 그때 새마을 교육, 자연보호, 이런 건 나름대로 됐어요. 그런데 그것도 한 2년 정도 지나니까 없어져 버렸죠.

네 좋은 말씀 감사합니다. 인터뷰는 이것으로 마치겠습니다.

도판목록

페이지	도판	소장처
199	새마을 시민합동 결혼식(1976년)	서울기록원
209	서울시 직장새마을운동 비교평가대회(1976년)	서울기록원
217	진입로 포장 새마을 사업 관련 현지 조사 공문(1973년)	서울기록원
233	새마을운동 확대를 위해 열린 시청 관계자 및 구청장 회의(1974년)	서울기록원
239	강남구 양재동의 잔디마을 취락구조 개선사업 시범마을 기공식에 참석한 구자춘 시장(1978년)	서울기록원
242	취락구조 개선사업이 진행된 강동구 암사동의 양지마을 전경(1979년)	서울기록원
244	사회정화운동 추진 결의대회(1980년)	서울기록원
255	서울시 새마을지도자 전진대회(1973년)	서울기록원
257	새마을 노임소득사업 관련 문서(1975년)	서울기록원
259	취로사업에 참여하는 시민들(1975년)	서울기록원
264	우수 새마을직장 사업장에 표창장을 전달하는 박영수 시장(1981년)	서울기록원
270	내곡동의 신흥마을 축산단지를 방문한 양택식 시장(1973년)	서울역사박물관
272	취락구조 개선사업 관련 공문(1979년))	서울기록원
275	강남구 세곡동 은곡마을 취락구조 개선사업 기공식(1979년)	서울역사박물관
277	강서구 발산동의 신광명마을 취락구조 개선사업 준공식에 참석한 정상천 시장(1979년)	서울기록원
283	취락구조 개선사업 표준주택 설계도(1979년)	서울역사박물관

※ 표기하지 않은 도판은 공공저작물 또는 서울역사편찬원 소장 이미지입니다.

서울역사구술자료집 19

새벽종이 울렸네 새아침이 밝았네

발 행 인	서울역사편찬원장 이상배
발 행 처	서울역사편찬원(history.seoul.go.kr) 서울시 송파구 올림픽로 424 올림픽공원 내(02-413-9622)
기획·편집	박명호(시사편찬과장), 류상진, 김동선
발 행 일	2024년 11월 30일
판 매 가	10,000원
편집·인쇄	인터북스 (02-356-9903)
사진촬영	단아문화예술협동조합

발간등록번호 51-6113542-000111-01

ISBN 979-11-6071-194-3

978-89-94033-11-2 (세트)